Das große SINGER® Nähbuch

Taschen-Liebe

Rabea Rauer und Yvonne Reidelbach

Die Autorinnen

Nach ihrem Modedesign-Studium arbeiteten Rabea Rauer und Yvonne Reidelbach zunächst für mehrere Modelabels im Bereich Design und Schnittmuster. Während ihrer gemeinsamen Tätigkeit als Dozentinnen an einer privaten Modeschule war schnell der Plan gefasst, ein Nähcafé in Berlin-Friedrichshain zu eröffnen. In der „kinkibox" finden Nähfreunde und alle, die es noch werden wollen, jede Menge Möglichkeiten, sich kreativ auszutoben. Rabea Rauer und Yvonne

Reidelbach stehen dabei immer mit Rat und Tat hilfreich zur Seite – ob beim Umsetzen eigener Ideen oder während der zahlreichen Nähkurse zu aktuellen Trendthemen. Die detailverliebt und mit gemütlichen Sofas und Sesseln eingerichteten Räume der kinkibox laden nach dem Nähen bei Kaffee und Keksen zum Plaudern aus dem Nähkästchen ein.

www.kinkibox.de

Danksagung

Wir bedanken uns bei der Firma VSM Deutschland GmbH (Karlsruhe) für die Unterstützung beim Erstellen des Buches. www.singerdeutschland.de

Was bedeutet ...

... der Schwierigkeitsgrad?   Zu jedem Modell ist ein Schwierigkeitsgrad angegeben, dargestellt durch kleine Taschen. Eine Tasche bedeutet „einfach", diese Modelle sind relativ schnell umzusetzen, auch für Nähanfänger. Die Modelle, die mit zwei Taschen gekennzeichnet sind, haben einen mittleren Schwierigkeitsgrad. An die Modelle mit drei Taschen sollten Sie sich nur mit etwas Übung und Geduld wagen, sie sind etwas aufwendiger.

... der Vergrößerungsfaktor?   Ein Teil der Schnittmuster in diesem Buch ist verkleinert abgebildet. Bitte vergrößern Sie alle Schnittmuster auf den Seiten 48 und 54 – 64 auf den jeweils angegebenen Prozentwert oder auf die angegebenen Zentimetermaße. Die Skizze für die Picknicktasche auf S. 46 ist auf die angegebenen Zentimetermaße zu vergrößern.

... dieser Pfeil → auf den Schnittmusterseiten?   Dieser Pfeil zeigt auf jedem Schnittmusterteil den Fadenlauf des Stoffes an.

Bildnachweis

Fotos: Jochen Arndt, Berlin (S. 8/9, 12, 17, 19, 22/23, 24, 26, 28/29, 40, 47, 49, 50/51); Ullrich Alber (S. 10, 14–16, 20, 27, 30, 32, 36, 38, 42, 44/45, 52/53); S. 4/5: SINGER®/© 2013 KSIN Luxembourg II, S.ar.l.; Fotolia.com: © Matthew Cole (Illustration Tasche)

Inhalt

Kleine Nähmaschinen- und Scherenkunde

Die Nähmaschine

Voraussetzung für erfolgreiches Nähen ist eine Nähmaschine, die gut funktioniert und viele Einstellungen selbst vornimmt. Gerade Anfänger können nicht auf Erfahrungswerte zurückgreifen, aber auch einer fortgeschrittenen Näherin wird die Arbeit damit wesentlich erleichtert.

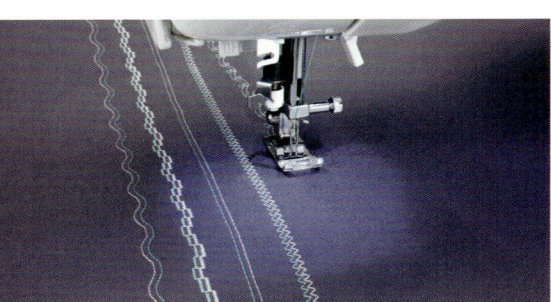

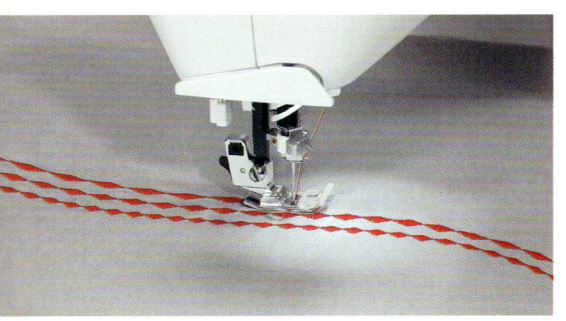

Die grundlegenden Anforderungen an eine neue Nähmaschine, wie eine praktische Handhabung und eine superleichte Bedienung, erfüllt beispielsweise die SINGER one Plus. Dank Computertechnik bietet sie über 200 Nutz-, Stretch- und Dekostiche sowie sieben vollautomatische Knopflöcher. Die jeweils optimale Sticheinstellung lässt sich an einer praktischen LCD-Anzeige ablesen. Individuelle Stichkombinationen und Muster können Sie ganz bequem abspeichern. Mit der Zwillingsnadelfunktion lassen sich diese sogar im „Doppelpack" und mit unterschiedlichen Fäden umsetzen – für alle, die gerne Neues ausprobieren. Das Nähen von Applikationen und Quilts wird durch die programmierbare Nadel-Hoch-Tiefstellung besonders einfach.

Die moderne SINGER one Plus wird durch das SwiftSmart Einfädelsystem sowie das Drop & Sew-Spulensystem ergänzt. Damit gestaltet sich der Nähstart besonders einfach: Zuerst die Spule von oben einsetzen, den Faden in die Führung legen und los geht's. Wenn der Nähfuß noch nicht die richtige Startposition hat, meldet sich ein Sensor mit einem akustischen Signal. Die extragroße Nähfläche rechts und links von der Nadel ist ideal beim Nähen von großen Stoffstücken wie zum Beispiel Gardinen oder Bettwäsche. Zusätzlichen Service bieten die Start- und Stopp-Taste sowie die individuelle Geschwindigkeitsregulierung.

Die richtigen Scheren – für mehr Spaß am Nähen

Ohne die richtige Schere macht das Nähen nur halb so viel Spaß. Neben Scheren zum Zuschneiden von Schnitten und Vorlagen sowie zum Abschneiden von Bändern oder Stoffen sind für Einsteiger wie Fortgeschrittene auch spezielle Stickscheren sinnvoll. Sie haben kurze, spitze Schneideblätter und sind ideal für kleine Schneidearbeiten an Ecken oder Rundungen, zum Abtrennen von Fäden sowie für zahlreiche Handarbeiten.

Vielnäher wählen aus einem Scherensortiment gern spezielle Profi-Schneiderscheren, die vor allem dann zum Einsatz kommen, wenn besonders feine und teure Stoffe verarbeitet werden. Durch die asymmetrische Form bleibt die untere Klinge beim Schneiden gerade auf der Arbeitsfläche liegen. Das verhindert ein Verrutschen des Stoffes und sorgt für eine präzise Schnittlinie. Wichtig ist ein ergonomischer Griff, der dafür sorgt, dass sich auch schwere Stoffe oder mehrere Stofflagen problemlos und sauber zuschneiden lassen.

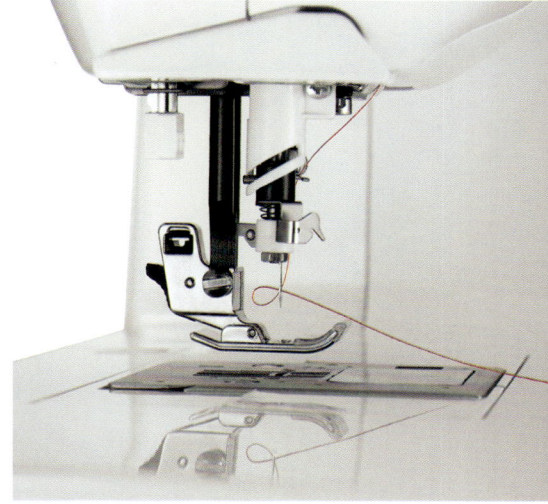

Darüber hinaus erfreuen sich speziellen Fadenscheren, mit der Fäden präzise getrennt werden können, sowie Zackenscheren, die zum Schneiden von nicht oder kaum fransenden Stoffen (z. B. Filz oder Leder) und für dekorative Nahtabschlüsse verwendet werden können, bei Nähfans größter Beliebtheit.

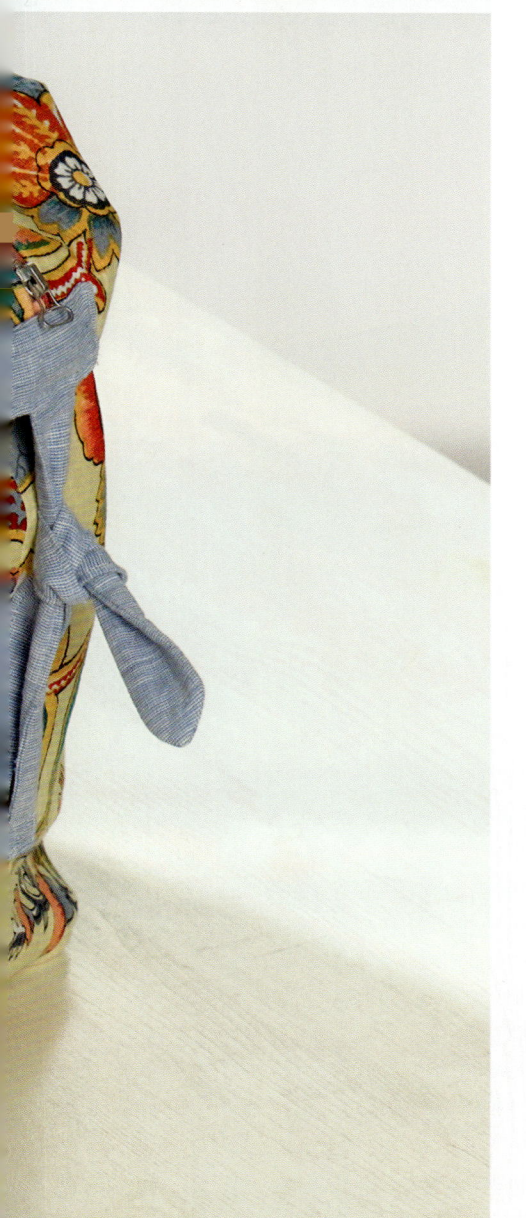

Taschen, Shopper und Beutel für jede Gelegenheit

Das brauchen Sie: Vorlage S. 62

• Baumwollstoff in Rosa gemustert,
  1,40 m breit, 50 cm lang

• Band in Grün, 2 cm breit, 38 cm lang,
  oder Baumwollstoff in Grün, 38 cm breit,
  8 cm lang

• 1 Karabinerhaken in Silber, 2 cm breit

• farblich passendes Garn

Baumwollbeutel mit Karabinerhaken

Größe: 35 cm x 45 cm • Schwierigkeitsgrad

Wunderbar schnell genäht ist dieser trendige Beutel, ob zum Einkaufen oder Cafébesuch mit der besten Freundin. Dieses Unikat aus hübsch bedrucktem Stoff ist ein echter Hingucker und sicher auch ein gern gesehenes Geschenk. Der an einem Band befestigte Karabiner im Inneren des Beutels erspart die lästige Schlüsselsuche.

So wird's gemacht

Zuschneiden:
aus Baumwollstoff in Rosa gemustert: 2 x Beutel (35 cm x 45 cm), inkl. 1 cm Nahtzugabe und 2 x Träger (54 cm x 12 cm);
aus Baumwollstoff in Grün (optional): 1 x Band für Karabiner (38 cm x 8 cm)

1 Die im Schnittmuster angegebenen Maße mit Schneiderkreide auf die linke Stoffseite zeichnen. Parallel zur Stoffwebkante arbeiten, damit sich der Soff nicht verzieht.
Natürlich kann der Beutel auch nach Belieben verkleinert oder vergrößert werden.

2 Vorder- und Rückseite des Beutels rechts auf rechts aufeinanderlegen. Seiten und Boden des Beutels bei 1 cm Nahtzugabe zusammennähen. Anschließend die Nahtzugaben mit Zick-Zack-Stich oder mit der Overlockmaschine versäubern. Optional kann man die unteren Taschenecken des Beutels auch übereck zusammenlegen und 4 cm entfernt von der Spitze abnähen, sodass ein Boden entsteht. Dann hat der Beutel mehr Stand.

3 Die Trägeraußenkanten nach innen bügeln, sodass sie fast aneinanderstoßen. Dann noch einmal mittig falten und bügeln. Die 3 cm breiten Träger beidseitig knappkantig absteppen.

4 Ebenso das Band für den Karabiner vorbügeln, die Endbreite beträgt 2 cm. Das Band durch den Karabiner fädeln und es anschließend rundherum knappkantig absteppen.

5 Die obere Kante des Beutels zweimal 2 cm nach innen bügeln. Die Träger und das Karabinerband an die entsprechenden Positionen in den gebügelten Umschlag schieben und den Umschlag knappkantig absteppen.

6 Die Träger jetzt nach oben klappen und mit einer Absteppung in Kreuzform fixieren.

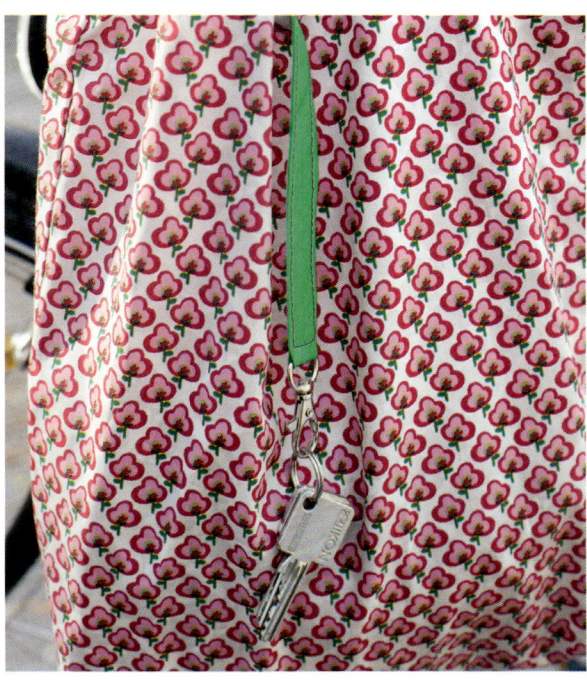

Das brauchen Sie:

- Baumwollstoff in Weiß mit Retromuster, 1,40 m breit, 90 cm lang
- Jeansstoff in Blau, 30 cm breit, 30 cm lang
- Futterstoff nach Wahl, 1,20 m breit, 30 cm lang
- Bügeleinlage, mittelstark, 90 cm breit, 1 m lang
- Lederstreifen oder Kunstleder in Hellbraun, 30 cm breit, 80 cm lang
- Lederkleber
- 24 Nieten in Messing, ø 7 mm
- farblich passendes Garn

Lässige Beuteltasche

Größe: 30 cm x 40 cm • Schwierigkeitsgrad

Ob Schaufensterbummel oder Schwimmbad, mit diesem stylishen Beutel können Sie spontan sein. In der Weite verstellbar, ist er ein edler, praktischer Begleiter für jeden Tag.

So wird's gemacht

Zuschneiden:

aus Baumwollstoff: 1 x Tasche (62 cm x 88 cm), 1 x Bindeband (1,20 m x 12 cm), inkl. 1 cm Nahtzugabe;

aus Jeansstoff: 1 x Boden (Kreis, ø 29 cm);

aus Bügeleinlage: 1 x Tasche (62 cm x 88 cm), 1 x Boden (Kreis, ø 29 cm), 1 x Bindeband (1,20 m x 12 cm), inkl. 1 cm Nahtzugabe;

aus Futterstoff: 1 x Tasche (88 cm x 22 cm), 1 x Boden (Kreis, ø 29 cm), inkl. 1 cm Nahtzugabe;

aus Leder: 2 x Trageriemen (6 cm x 80 cm), 16 x Lasche (7 cm x 2 cm)

1 Die Maße mit Schneiderkreide direkt auf die linke Seite von Baumwollstoff, Jeansstoff und Futterstoff zeichnen und die Schnittteile zuschneiden. Die Teile aus dem Oberstoff mit der Bügeleinlage verstärken. Beim Leder die Maße mit Kugelschreiber auf der Lederrückseite anzeichnen und mithilfe eines Metalllineals und eines Cutters zuschneiden.

2 Die kurzen Seiten des Taschenteils aus Baumwollstoff zusammennähen. Die Nahtzugabe auseinanderbügeln und den Boden rund einsetzen. Auf die gleiche Art das Futter zusammennähen. Nun das Futter rechts auf rechts an die obere Kante des Baumwollbeutels stecken, dann ringsherum nähen und am Ende eine kleine Wendeöffnung lassen, durch die die Tasche umgestülpt

werden kann. Diese Öffnung anschließend von Hand schließen.

3 Die obere Kante des Außenstoffs jetzt 20 cm weit nach innen bügeln. Die offenen Kanten des Bindebands nach innen bügeln, dann das Band mittig falten und bügeln. Die Endbreite muss 3 cm betragen. Die kurzen Seiten ebenfalls nach innen einschlagen. Anschließend knappkantig ringsherum nähen.

4 Je zwei Laschen sowie die Trageriemen aus Leder aufeinanderkleben und die Kanten nachschneiden. Optional die Laschen und den Riemen knappkantig absteppen, hierfür wird eine dicke Maschinennadel benötigt (eine Ledernadel ist nicht nötig) und eine stabile Nähmaschine. Die Stichlänge sehr groß einstellen und vorab unbedingt eine Nahtprobe machen.

5 Nun die Laschen im Abstand von 6 cm zur oberen gebügelten Kante mit je zwei Nieten anbringen. Zwischen den einzelnen Laschen ist jeweils 8,7 cm Abstand. Mit einem Nietenwerkzeug Löcher in die Lederlaschen stanzen und vorab mit Nadeln oder Schneiderkreide die Laschenpositionen auf dem Beutel markieren.

6 Zuletzt den Trageriemen mit je vier Nieten auf beiden Seiten befestigen. Der Riemen wird in der Höhe der Laschen angebracht. Zwischen den beiden Riemenpositionen liegen je vier Laschen.

Praktischer Shopper

Größe: 50 cm x 40 cm • Schwierigkeitsgrad

Ob zum Shoppen mit der besten Freundin oder zum spontanen Spaziergang über einen Flohmarkt – dieser modische Shopper bietet jede Menge Platz für kleine und große Fundstücke. Dieses Modell wurde aus blauem Alcantara genäht und mit beigefarbenen Trägern abgesetzt.

Das brauchen Sie: Vorlage S. 57

- Alcantara in Blau, 1,10 m breit, 50 cm lang
- Alcantara in Beige, 1,40 m breit, 30 cm lang
- Kordel in Creme, 1,20 m lang
- farblich passendes Garn

So wird's gemacht

Zuschneiden:
aus Alcantara in Blau: 2 x Vorder- und Rückseite (je 52 cm x 46 cm), inkl. 1 cm Nahtzugabe;
aus Alcantara in Beige: 2 x Träger (je 1,40 m x 12 cm)

1 Die Maße entsprechend des Schnittmusters mit Schneiderkreide auf die linke Stoffseite zeichnen und alle Teile zuschneiden.

2 Vorder- und Rückseite rechts auf rechts zusammenlegen und eine der langen Seiten zusammennähen, dann die Nahtzugabe auseinanderbügeln. (Alcantara kann man mit einer normalen Nähmaschinennadel nähen, die Nähte müssen nicht versäubert werden, da sie nicht ausfransen.)

3 Die Träger an den kurzen Seiten rechts auf rechts zu einem großen Ring zusammennähen, die Nahtzugabe auseinanderbügeln. Nun ringsherum die beiden offenen Kanten zur Mitte bügeln, an-

schließend den Träger mittig falten und gut festbügeln. Die Breite des fertigen Trägers beträgt 3 cm.

4 Von den Nähten des Trägers je 35 cm zu beiden Seiten abmessen und die Stellen mit einer Stecknadel markieren. Dort werden die Trägerteilstücke später auf die Tasche aufgenäht. Zunächst jedoch die beiden Trageriemen beidseitig oberhalb der Stecknadelmarkierung absteppen. Dabei knappkantig im Abstand von 2 mm zur Kante nähen.

5 Die Träger auf die Tasche stecken, die Nähte von Trägern und Bodennaht liegen dabei aufeinander. Die Träger mit einem Abstand von je 11 cm zur Seite aufstecken. Anschließend jeden der Träger beidseitig knappkantig auf die Tasche nähen, nach 35 cm ab der Naht stoppen, der obere Teil des Trägers hängt locker.

6 Die Tasche seitlich zusammennähen, 6 cm vor der oberen Kante stoppen. Die obere Kante zweimal 2 cm nach innen bügeln und an der unteren Kante (bei ca. 1,8 cm) annähen. Es entsteht ein Tunnel, durch den die Kordel mithilfe einer Sicherheitsnadel gezogen wird. Die Kordelenden verknoten.

7 Die unteren Taschenecken übereck zusammenlegen und 4 cm entfernt von der Spitze abnähen, sodass ein Boden entsteht.

Großer City-Shopper

Größe: 60 cm x 40 cm • Schwierigkeitsgrad

Mit dieser Tasche kann geshoppt werden bis zum Umfallen. Und wenn Sie mal etwas weniger Platz benötigen, können Sie die Tasche mit den seitlichen Bändern nach Belieben verkleinern.

Das brauchen Sie: Vorlage S. 56/57

- Blumenstoff, 1,40 m breit, 70 cm lang
- Leinenstoff in Hellblau, 1,40 m breit, 40 cm lang
- Futterstoff nach Wahl, 1,40 m breit, 70 cm lang
- Bügeleinlage, mittelstark, 90 cm breit, 1,20 m lang
- 1 Reißverschluss in Hellblau, 55 cm lang
- 1 Reißverschluss in Rosa, 20 cm lang
- 4 D-Ringe in Silber, 2,5 cm breit
- Volumenvlies, 50 cm breit, 25 cm lang
- Füllwatte

So wird's gemacht

Zuschneiden:

aus Blumenstoff: 2 x Vorder- und Rückseite (66 cm x 42,5 cm), 1 x Boden (45 cm x 22 cm), inkl. 1 cm Nahtzugabe;

aus Leinenstoff in Hellblau: 4 x Band 1 zum Binden, 4 x Träger (50 cm x 8 cm), 4 x Band 2 zum Binden (4 cm x 35 cm), 8 x Aufhängung für D-Ringe, inkl. 1 cm Nahtzugabe;

aus Futterstoff: 2 x Vorder- und Rückseite (66 cm x 42,5 cm), 1 x Boden (45 cm x 22 cm), 2 x Taschenbeutel (22 cm x 20 cm), inkl. 1 cm Nahtzugabe;

aus Bügeleinlage: 2 x Vorder- und Rückseite (66 cm x 42,5 cm), 1 x Boden (45 cm x 22 cm), inkl. 1 cm Nahtzugabe;

aus Volumenvlies: 1 x Boden (45 cm x 22 cm)

1 Die Bügeleinlage komplett auf die linke Seite des Blumenstoffs bügeln. Den Boden des Blumenstoffs (nach dem Zuschneiden) zusätzlich mit Volumenvlies verstärken. Den Boden quer mit einem Abstand von 1,5 cm absteppen.

2 Die Bindebänder jeweils rechts auf rechts aufeinanderlegen und mit 1 cm Nahtzugabe zusammennähen, dabei eine Wendeöffnung lassen; durch diese werden die Bänder gewendet und die Öffnung von Hand mit Matratzenstichen geschlossen.

3 Die Aufhängungen für die D-Ringe rechts auf rechts aufeinanderlegen und zusammennähen, dabei an der schmalsten Seite eine Öffnung zum Wenden lassen. Durch diese wenden.

4 Die D-Ringe durch die schmale Seite der Aufhängung führen und die schmale Seite nach innen schlagen. An den Vorder- und Rückseiten der Tasche feststecken und anschließend knappkantig festnähen.

5 Die Träger rechts auf rechts aufeinanderlegen und die Längsseiten mit 1 cm Nahtzugabe zusammennähen. Wenden und mit Watte ausstopfen.

6 Taschen-Vorder- und -Rückseite aus Blumenstoff jeweils an den Seiten zusammennähen. Die Nahtzugaben auseinanderbügeln. Dann den Boden rechts auf rechts auf Vorder- und Rückseite legen und annähen. Jetzt das längere Bindeband auf der Seitennaht der Tasche ca. 12 cm von unten entfernt anbringen. Den 55 cm langen Reißverschluss jeweils mittig an das Vorder- und Rückenteil nähen.

7 Den Taschenbeuteleingriff auf dem Rückteil des Futters an der vorgegebenen Stelle anzeichnen. 18 cm einschneiden und dann an den Ecken jeweils 1 cm schräg einschneiden, sodass zwei Dreiecke an den jeweiligen Seiten entstehen. Die Nahtzugabe nach innen bügeln und den 20 cm langen Reißverschluss darunterlegen. Von außen knappkantig festnähen. Einen Teil des Taschenbeutels an der oberen Nahtzugabe, den anderen Teil an der unteren Nahtzugabe festnähen. Die Taschenbeutel auf eine Länge zurückschneiden und anschließend rundherum zusammennähen.

8 Das Vorder- und Rückteil des Futterstoffs jeweils an den Seiten zusammennähen. Die Nahtzugaben auseinanderbügeln. Dann den Boden des Futters rechts auf rechts auf Vorder- und Rückteil legen und annähen, dabei eine Wendeöffnung lassen.

9 Das Futter rechts auf rechts auf den Reißverschluss der Tasche legen und festnähen. Durch die Öffnung wenden und diese anschließend entweder von Hand mit Matratzenstichen oder knappkantig mit der Maschine schließen.

10 Jetzt die Seiten jeweils neben dem Reißverschluss zusammenklappen und die kürzeren Bindebänder darauf feststecken und annähen. Die Enden der Tragegriffe durch die D-Ringe führen und festnähen. Mit den Bindebändern an der Seite kann die Tasche beliebig verkleinert werden.

Weekender-Reisetasche

Größe: 60 cm x 40 cm • Schwierigkeitsgrad

Ab in den Kurzurlaub oder ins Wochenende! Mit dieser Tasche macht das Verreisen gleich doppelt soviel Spaß. Erstens, weil die Tasche viel Stauraum bietet, und zweitens sieht sie auch noch umwerfend gut aus.

Das brauchen Sie:
Vorlage S. 55, 58 + 59

- Flanell-Baumwollstoff in Grau-Rot-Schwarz-Weiß kariert, 1,40 m breit, 1 m lang
- Baumwollstoff in Rot (Futterstoff), 1,40 m breit, 1 m lang
- Kunstleder in Schwarz, 1,30 m breit, 70 cm lang
- Schabrackeneinlage, 90 cm breit, 1,60 m lang
- 1 Reißverschluss in Silber, 80 cm lang
- 6 D-Ringe in Silber, 3 cm breit
- 2 Karabiner mit Aufhängung in Silber, 3 cm breit
- 24 Nieten in Silber, ø 7 mm
- Textil- oder Lederklebstoff

So wird's gemacht

Zuschneiden:
aus kariertem Baumwollstoff: 2 x Vorder- und Rückteil im Bruch, 1 x Boden-/Seitenteil im Bruch, 2 x Seiten-/Reißverschlussteil im Bruch, inkl. 1 cm Nahtzugabe;

aus Futterstoff: 2 x Vorder- und Rückteil im Bruch, 1 x Boden-/Seitenteil im Bruch, 2 x Seiten-/Reißverschlussteil im Bruch, inkl. 1 cm Nahtzugabe;

aus Schabrackeneinlage: 2 x Vorder- und Rückteil im Bruch, 1 x Boden-/Seitenteil im Bruch,

2 x Seiten-/Reißverschlussteil im Bruch, inkl. 1 cm Nahtzugabe;

aus Kunstleder: 8 x Eckenschoner, 8 x seitliche Eckenschoner, 4 x aufgenähte Bänder zur Anbringung der D-Ringe à 3 cm x 30 cm, 4 x kurze Träger à 3 cm x 54 cm, 2 x lange Träger à 3 cm x 1,30 m, 4 x Aufhängung zur Anbringung des langen Trägers à 3 cm x 6 cm

1 Die Schnittteile aus kariertem Baumwollstoff komplett mit der Schabrackeneinlage bebügeln. Die Eckenschoner aus Kunstleder jeweils an den dafür vorgesehenen Stellen an Vorder- und Rückteil und ebenso am Boden-/Seitenteil knappkantig annähen oder mit Textilkleber ankleben.

2 Die D-Ringe durch die Aufhängung führen und eine Seite ca. 3 cm nach innen schlagen. An den Vorder- und Rückteilen der Tasche feststecken und anschließend knappkantig festnähen oder -kleben. Zusätzlich mit jeweils zwei Nieten unterhalb der D-Ringe verstärken.

3 Den Reißverschluss öffnen und zuerst die eine Seite rechts auf rechts an das Seiten-/Reißverschlussteil annähen. Anschließend mit der zweiten Seite genauso verfahren.

4 Die kleinen Stücke aus Kunstleder zur Anbringung der D-Ringe für die Karabiner links auf links aufeinanderkleben und, falls gewünscht, zusätzlich knappkantig absteppen. Die Lederstücke jeweils durch den D-Ring führen und das Leder jeweils mittig zu einer Lasche falten. Mit je zwei Nieten die Laschen schließen.

5 Das Boden-/Seitenteil an beiden schmalen Seiten rechts auf rechts an das Seiten-/Reißverschlussteil heften, dabei jeweils eine Lasche mit D-Ring dazwischenlegen und festnähen. Den Reißverschluss öffnen. Jetzt das komplette Seitenteil rechts auf rechts auf das Vorderteil stecken. Dabei darauf achten, dass die Eckenschoner aufeinanderliegen und dann annähen. Anschließend das Rückteil genauso an die Seitenteile nähen. Die Nahtzugaben auseinanderbügeln und die Nahtzugaben an den Rundungen zurückschneiden. Anschließend die Außentasche durch den Reißverschluss wenden.

6 An den Seiten-/Reißverschlussteilen des Futters jeweils 1 cm Nahtzugabe für die spätere Anbringung am Reißverschluss nach innen bügeln. Diese beiden umgeklappten Nahtzugaben aneinanderlegen und das Boden-/Seitenteil des Futters auf je eine der kurzen Seiten rechts auf rechts an die Seiten-/Reißverschlussteile des Futters nähen.

7 Das Boden-/Seitenteil des Futters an beiden schmalen Seiten rechts auf rechts an das Seiten-/Reißverschlussteil des Futters heften und festnähen. Jetzt das komplette Seitenteil des Futters rechts auf rechts auf das Vorderteil des Futters stecken und dann annähen. Anschließend das komplette Seitenteil des Futters rechts auf rechts auf das Rückteil des Futters stecken und dann annähen. Dabei eine Wendeöffnung lassen. Die Nahtzugaben der Rundungen zurückschneiden. Die Nähte auseinanderbügeln.

8 Das Futter in die Tasche stecken und die Nahtzugabe des Futters von innen an den Reißverschluss nähen, soweit es mit der Maschine möglich ist. Ansonsten das Futter von Hand annähen und die Wendeöffnung des Futters entweder knappkantig mit der Maschine oder von Hand mit Matratzenstichen schließen.

9 Für die zwei kurzen Träger aus Kunstleder jeweils zwei kurze Trägerschnittteile links auf links aufeinanderkleben und, falls gewünscht, noch zusätzlich knappkantig absteppen. Je ein Ende durch die D-Ringe am Taschen-Vorder- und -Rückteil fädeln und umschlagen, anschließend mit je zwei Nieten befestigen.

10 Für den langen Träger die zwei langen Trägerstücke links auf links aufeinanderkleben. Die überstehenden Enden von je 2 cm abschneiden. Falls gewünscht, noch zusätzlich knappkantig absteppen. Je ein Ende durch die D-Ringe der Karabiner fädeln, umschlagen und mit je zwei Nieten befestigen.

Das brauchen Sie: Vorlage S. 58/59

• heller Baumwollstoff mit Blumenprint, 1,40 m breit, 60 cm lang
• dunkler Baumwollstoff mit Blumenprint, 1,40 m breit, 90 cm lang
• Volumenvlies, 90 cm breit, 80 cm lang
• 2 Magnetverschlüsse oder Druckknöpfe, ø 1,5 cm
• farblich passendes Garn

Tasche mit raffiniertem Tragegriff

Größe: 40 cm x 38 cm • Schwierigkeitsgrad

Diese klassische Handtasche ist mit dem Blumenprint im Hell-Dunkel-Kontrast und den geschnürten Griffen ein echtes Highlight. Ob zur Arbeit oder in der Freizeit, mit ihr haben Sie immer ein außergewöhnliches und stilsicheres Accessoire zur Hand.

So wird's gemacht

Zuschneiden:
aus hellem Baumwollstoff: 2 x Vorder- und Rückseite im Bruch, 6 x Bänder für Griff (76 cm x 4 cm), inkl. 1 cm Nahtzugabe;
aus dunklem Baumwollstoff: 2 x Vorder- und Rückseite im Bruch, 4 x Seitenteil, 4 x Griff, 1 x Schlaufe (6 cm x 28 cm), inkl. 1 cm Nahtzugabe;
aus Volumenvlies: 2 x Vorder- und Rückseite im Bruch, 2 x Seitenteil, inkl. 1 cm Nahtzugabe

1 Vorder- und Rückseite des hellen Stoffs sowie die zwei Seitenteile aus dem dunklen Stoff mit Volumenvlies verstärken.

2 Alle Abnäher der Seitenteile schließen. Die untere Naht von Vorder- und Rückteil schließen, es werden jeweils die hellen und die dunklen Stoffe zusammengenäht. Die wattierten Seitenteile rechts auf rechts an die wattierte Vorder- und Rückseite nähen.

3 Für die Futtertasche ebenso mit den restlichen unverstärkten Schnittteilen aus dem dunklen Baumwollstoff verfahren. Eine kleine Wendeöffnung an einem der Seitenteile lassen. Die Magnetknöpfe bzw. Druckknöpfe entsprechend der Markierungen am Futter anbringen.

4 Die Außenkanten der Bänder nach innen bügeln, dann noch einmal mittig falten, sodass eine Endbreite von 1 cm entsteht. Jetzt knappkantig absteppen. Genauso mit dem Schlaufenstreifen verfahren, sodass hier eine Endbreite von 1,5 cm entsteht. Anschließend in vier gleiche Teile schneiden.

5 Die Griffe rechts auf rechts legen, ringsherum nähen und durch eine kleine Wendeöffnung an einer der langen Seiten umstülpen.

6 Je drei Bänder mit Zick-Zack-Stich zu einem Ring zusammennähen. Gleichmäßig sechsfach aufeinanderlegen und im Umbruch die Schlaufen darumlegen. Die Schlaufen werden nun an der oberen Taschenkante vorfixiert.

7 Die Griffe jeweils mittig um die Trägerbänder schlingen und knappkantig entlang der langen Seite festnähen.

8 Nun die innere Tasche rechts auf rechts auf die äußere legen und die obere Kante verstürzen. Die Nahtzugabe in den Ecken und Rundungen einschneiden. Die Tasche durch die Wendeöffnung am Futter umstülpen und diese mit einigen Handstichen schließen.

Täschchen für jede Gelegenheit

Größe: 25 cm x 30 cm • Schwierigkeitsgrad

Diese Handtasche macht sich durch ihre angenehme Größe und die hübsche Tragekette beliebt. Ob im Theater oder im Büro, hier finden alle Dinge ihren Platz, die man täglich braucht, z.B. Handy, Puder, Geld und Taschentücher.

Das brauchen Sie: Vorlage S. 54

- Baumwollstoff in Violett gemustert, 70 cm breit, 40 cm lang und 2,4 cm breit, 8 cm lang (Schlaufen)
- Futterstoff nach Wahl, 70 cm breit, 40 cm lang
- Bügeleinlage, mittelstark, 70 cm breit, 40 cm lang
- 1 Metallreißverschluss in Gold, 25 cm lang
- 2 Karabiner in Gold, 2 cm lang
- Kette in Gold, 1,10 m lang
- 2 Ringe in Gold für die Karabiner, ø 1 cm
- farblich passendes Garn

So wird's gemacht

Zuschneiden:

aus Baumwollstoff in Violett gemustert: 2 x Tasche, inkl. 1 cm Nahtzugabe;
aus Futterstoff: 2 x Tasche, inkl. 1 cm Nahtzugabe;
aus Bügeleinlage: 2 x Tasche, inkl. 1 cm Nahtzugabe

1 Den Baumwollstoff mit der Bügeleinlage bekleben. Den Reißverschluss öffnen und mit den Zähnchen nach innen gerichtet auf die obere Kante der rechten Stoffseite legen. Von der einen Seite zur anderen bis zur Markierung annähen.

2 Den gemusterten Stoffstreifen wie eine Paspel auf 6 mm Breite bügeln, absteppen und in zwei 4 cm lange Stücke schneiden. Die Stücke mittig falten, jeweils einen Ring durchfädeln und an den markierten Stellen positionieren. Die Ringe liegen hierbei auf dem Stoff und auf der rechten Stoffseite. Festnähen.

3 Dann die Taschenteile rechts auf rechts aufeinanderlegen und genau bei 1 cm Nahtzugabe bis exakt auf Höhe des Reißverschlussanfangs bzw. -endes nähen.

4 Die Nahtzugabe am Reißverschlussanfang und -ende schräg einschneiden, nach innen klappen und von Hand vernähen.

5 Das Futter seitlich und am Boden zusammennähen, anschließend links auf links in die Tasche stecken und von Hand entlang des Reißverschlusses annähen. Die Karabiner mit einer Zange an der Kette befestigen und in die Ringe haken.

Das brauchen Sie: Vorlage S. 58/59

- Baumwollstoff in Blau-Weiß gestreift, 1,40 m breit, 50 cm lang
- Futterstoff nach Wahl, 90 cm breit, 30 cm lang
- Bügeleinlage, mittelstark, 90 cm breit, 80 cm lang
- vier verschiedene Stoffe, je 1,40 m breit, 20 cm lang (Flicken je 15 x 15 cm)
- Kordel in Creme, 1,10 m lang
- 8 Ösen in Gold, ø 1,1 cm
- 4 D-Ringe in Gold, 3 cm breit
- farblich passendes Garn

Patchworktasche

Größe: 27 cm x 35 cm • Schwierigkeitsgrad

Ein Muss für jeden Quilt-Fan und auch für alle, die sich einfach nicht für einen Lieblingsstoff für die neue Tasche entscheiden können. Mit dem guten Stück hier haben Sie stets all Ihre Stofffavoriten an Bord!

So wird's gemacht

Zuschneiden:

aus Baumwollstoff in Blau-Weiß gestreift: 2 x Seitenteil, 1 x Boden im Bruch, 2 x Krempe im Bruch, 4 x Halterung D-Ring, 4 x Träger im Bruch, inkl. 1 cm Nahtzugabe;

aus Futterstoff: 2 x Vorder- und Rückseite im Bruch, 2 x Seitenteil, 1 x Boden im Bruch, inkl. 1 cm Nahtzugabe;

aus Bügeleinlage: 2 x Vorder- und Rückseite, 2 x Seitenteil, 1 x Boden im Bruch, 2 x Krempe im Bruch, 4 x Halterung D-Ring, 4 x Träger im Bruch, inkl. 1 cm Nahtzugabe;

aus den vier Stoffen: 88 Patchworkflicken, inkl. 1 cm Nahtzugabe

1 Die „Patchworkkästchen" in das gewünschte Muster legen. Die Kästchenreihen zu Streifen zusammennähen. Wenn alle Längsstreifen zusammengenäht sind, alle Nahtzugaben auseinanderbügeln. Jetzt wird Streifen an Streifen genäht, sodass eine Fläche entsteht. Aus dieser Stofffläche die Vorder- und Rückseite der Tasche ausschneiden. Alternativ können Sie auch diagonal nach dem abgebildeten Muster arbeiten.

2 Alle Schnittteile sowie die Patchworkflächen mit Bügeleinlage verstärken, das Futter ausgenommen. Die Seitenteile zwischen die Vorder- und Rückseite nähen, dann den Boden rund einsetzen. Ebenso separat das Futter zusammennähen.

3 Die Krempen rechts auf rechts legen und an den kurzen Seiten zusammennähen, die Nahtzugaben auseinanderbügeln. Die Längsseite mittig falten und bügeln. Die gefaltete Krempe rechts auf rechts auf die obere Taschenkante legen und ringsherum festnähen.

4 Die obere Nahtzugabe des Taschenfutters nach innen bügeln und ringsherum von Hand an die Nahtzugabe von Außentasche und Krempe nähen.

5 Je zwei D-Ringe auf einen Träger fädeln. Nun einen zweiten Träger rechts auf rechts darüberlegen und die kurzen Seiten zusammennähen. Die Nahtzugaben von 1 cm an allen Längsseiten der Träger nach innen bügeln. Die D-Ringe jeweils zu einer Naht schieben und dann die beiden Träger beidseitig entlang der Längsseite aufeinandersteppen. Sobald der Nähfuß an die D-Ringe stößt, verriegeln und absetzen.

6 Die Nahtzugaben der Halterungen für die D-Ringe nach innen bügeln, an der Faltlinie ebenfalls nach innen klappen. Jetzt die D-Ringe auffädeln, die Halterung an der entsprechenden Position auf die Krempe legen und durch beide Stofflagen aufsteppen.

7 Die Ösen an den markierten Positionen anbringen, die Kordel durchfädeln und die Enden verknoten.

Das brauchen Sie: Vorlage S. 54

• Baumwollstoff in Rot-Weiß kariert, 1,40 m breit, 90 cm lang
• Baumwollstoff in Grau-Weiß kariert (Futterstoff), 1,40 m breit, 90 cm lang
• Schabrackeneinlage, extra stark, 90 cm breit, 1,40 m lang
• Gurtband in Grün, 5 cm breit, 1,30 m lang
• Schrägband in Rot, 1 cm breit, 1,20 m lang
• Klettband in Schwarz, 2 cm breit, 50 cm lang
• farblich passendes Garn

Messenger-Bag

Größe: 35 cm x 30 cm • Schwierigkeitsgrad

Auf dem Fahrrad oder zu Fuß, mit dieser robusten Umhängetasche ist man auch für stürmi-sche Tage gut gewappnet. Die praktische Größe und der stabile Umhängegurt ermöglichen es, auch mal einen Ordner oder mehrere Bücher zu transportieren.

So wird's gemacht

Zuschneiden:

aus Baumwollstoff in Rot-Weiß kariert: 1 x Vor-derteil, 1 x Rückteil, 1 x Deckel, inkl. 1 cm Naht-zugabe;

aus Futterstoff: 1 x Vorderteil, 1 x Rückteil, 1 x Deckel, 1 x aufgesetzte Tasche, inkl. 1 cm Naht-zugabe;

aus Schabrackeneinlage: 1 x Vorderteil, 1 x Rück-teil, 1 x Deckel, inkl. 1 cm Nahtzugabe

1 Den rot-weißen Baumwollstoff komplett mit der Schabrackeneinlage bekleben.

2 Die aufgesetzte Tasche aus Futterstoff an der Bruchlinie falten und unten bei 1 cm zusammen-nähen, dann über die offene Seitennaht wenden. Die Tasche an der markierten Position innen auf dem Vorderteil anbringen, an zwei Stellen abstep-pen, sodass Platz für ein Handy o. Ä. entsteht.

3 Das Klettband in zwei 25 cm lange Stücke zu-schneiden. An den Seiten der Tasche laut Schnitt-markierung jeweils die eine Seite des Klettflausch-bandes außen aufsteppen. Die Gegenstücke aus Kletthakenband werden an entsprechender Stelle auf der Innenseite des Deckels angebracht.

4 Das Seitenteil unten an den Boden klappen und mit 1 cm Nahtzugabe zusammennähen. Das Rückteil rundherum an die Seiten und den Boden des Vorderteils nähen.

5 Schritt 4 mit dem Futter wiederholen, dabei eine Wendeöffnung zwischen Boden und Rück-teil lassen.

6 Die beiden Deckelteile links auf links (!) aufein-anderlegen und die Seiten und das untere Ende knappkantig festnähen. Wie in Schritt 3 beschrie-ben das Kletthakenband aufsteppen. Den Deckel an das Rückteil der Tasche nähen.

7 Das Futter am Rückteil, den Seiten und am Vorderteil rechts auf rechts an die Tasche nähen. Durch die Wendeöffnung am Futter wenden, die Öffnung von Hand mit Matratzenstichen oder knappkantig mit der Maschine schließen.

8 Den Deckel rundherum mit dem Schrägband einfassen. Den Gurt auf die gewünschte Länge kürzen und am Seitenteil durch beide Lagen in Kreuzform annähen.

Das brauchen Sie: Vorlage S. 55

- fester Baumwollstoff in Blau mit Regenschirmen, 1,40 m breit, 40 cm lang
- Baumwollstoff in Rot gemustert, 1,40 m breit, 25 cm lang
- Bügeleinlage, mittelstark, 90 cm breit, 1 m lang
- Futterstoff nach Wahl, 1,40 m breit, 40 cm lang
- Leder in Hellbraun, 60 cm breit, 20 cm lang
- Füllwatte
- farblich passendes Garn

Tasche mit Ledergriffen

Größe: 38 cm x 50 cm • Schwierigkeitsgrad

Diese Tasche ist nicht nur formschön, sondern auch unheimlich vielseitig. Sie leistet treue Dienste bei unterschiedlichsten Anlässen, für den kleinen Einkauf ebenso wie als Lunchbag fürs Büro. Mit ihrer farbenfroh abgestimmten Stoffkombination setzt sie echte Stilakzente.

So wird's gemacht

Zuschneiden:
aus Baumwollstoff in Blau: 2 x Vorder- und Rückteil im Bruch, inkl. 1 cm Nahtzugabe;
aus Baumwollstoff in Rot: 4 x Blende im Bruch, inkl. 1 cm Nahtzugabe;
aus Bügeleinlage: 2 x Vorder- und Rückteil im Bruch, 4 x Blende im Bruch, inkl. 1 cm Nahtzugabe, 2 x Henkel im Bruch;
aus Futterstoff: 2 x Vorder- und Rückteil im Bruch, inkl. 1 cm Nahtzugabe;
aus Leder: 2 x Henkel im Bruch

1 Das Vorder- und Rückteil aus dem blauen Baumwollstoff sowie die Blenden aus dem roten Baumwollstoff mit der Einlage verstärken. Die Abnäher am Vorder- und Rückteil werden geschlossen. Ebenso mit dem Futter verfahren.

2 Die Blenden aus dem roten Baumwollstoff jeweils an Vorder- und Rückteil aus dem blauen Baumwollstoff und an die Futterteile nähen. Die Nahtzugaben auseinanderbügeln.

3 Die Seiten des Vorder- und Rückteils schließen, beim Futter ebenso verfahren, aber hier eine Wendeöffnung lassen. Die Nahtzugaben auseinanderbügeln.

4 Die Futtertasche an den Blenden mit dem äußeren Teil der Tasche an den Blenden verstürzen. Dann die Tasche durch die Wendeöffnung im Futter umstülpen und die Wendeöffnung von Hand mit Matratzenstichen oder knappkantig mit der Maschine schließen.

5 Die Lederhenkel mit Bügeleinlage verstärken. Die Längsseiten der Henkel knappkantig absteppen und mit Watte etwas auspolstern.

6 Zum Schluss die Lederhenkel außen an den Blenden mittig annähen (jeweils ca. 10 cm von der Mitte entfernt).

Das brauchen Sie: Vorlage S. 60

• Baumwollstoff in Grau mit Rosenmuster, 60 cm breit, 40 cm lang
• Satinstoff in Pink (Futterstoff), 1,20 m breit, 40 cm lang
• Schabrackeneinlage, 60 cm breit, 40 cm lang
• Bügeleinlage, mittelstark, 90 cm breit, 80 cm lang
• 1 Druckknopf zum Annähen in Gold, ø 2 cm
• farblich passendes Garn
• Stickgarn in Rosa und Pink
• einige Strasssteine zum Aufkleben, Textilkleber

Elegante Clutch

Größe: 25 cm x 15 cm • Schwierigkeitsgrad

Ob Oper, Kabarett oder Hochzeitsparty, mit diesem schicken Accessoire stehen Sie garantiert im Mittelpunkt. Der edle Rosenstoff, bestickt mit entzückenden Details und kleinen Strasssteinen, sorgt in Kombination mit dem knallpinken Satinfutter für den richtigen Glamour-Faktor.

So wird's gemacht

Zuschneiden:

aus Baumwollstoff in Grau: 1 x Clutch außen im Bruch, 1 x Clutch innen im Bruch, inkl. 1 cm Nahtzugabe;

aus Schabrackeneinlage: 1 x Clutch außen im Bruch, 1 x Clutch innen im Bruch;

aus Futterstoff: 1 x Clutch außen im Bruch, 1 x Clutch innen im Bruch, 2 x Boden im Bruch, 1 x Fach innen im Bruch, inkl. 1 cm Nahtzugabe;

aus Bügeleinlage mittelstark: 1 x Clutch außen im Bruch, 1 x Clutch innen im Bruch, 2 x Boden im Bruch, 1 x Fach innen im Bruch, inkl. 1 cm Nahtzugabe

1 Beide Schnittteile aus dem grauen Baumwollstoff mit der Schabrackeneinlage verstärken, vorher von der Einlage ringsherum 1 cm Nahtzugabe abschneiden. Die Futterteile mit der mittelstarken Bügeleinlage verstärken, hier allerdings nicht die Nahtzugaben bei der Bügeleinlage abschneiden.

2 Das Schnittteil „Fach innen" aus dem Futterstoff mittig falten und bügeln. Knappkantig auf die untere Kante des Futterteils „Clutch außen" nähen. Die beiden Bodenteile aus Futterstoff rechts auf rechts zusammenlegen, die kurzen Seiten zusammennähen und umstülpen. Nach dem Bügeln knappkantig an den langen Seiten entlangnähen.

3 Die Schnittteile „Clutch innen" aus Futterstoff und grauem Baumwollstoff rechts auf rechts aufeinanderlegen, das Bodenteil gemäß Markierung dazwischenstecken und die zwei kurzen und die eine lange Seite zusammennähen. Die Nahtzugabe in den Ecken wird eingeschnitten. Dann umstülpen.

4 Die Nahtzugaben an der langen Seite am Tascheneingriff nach innen bügeln und von Hand vernähen.

5 Die Schnittteile „Clutch außen" aus Futterstoff und grauem Baumwollstoff rechts auf rechts aufeinanderlegen und wiederum das Bodenteil an entsprechender Stelle gemäß Markierung dazwischenstecken. Dabei auf die Markierung „Bodenende" achten. Außen- und Futtertasche entlang des Deckels ringsherum zusammennähen, aber an der oberen Seite jeweils an der Markierung „Wendeöffnung" stoppen. Die Nahtzugabe in den Ecken einschneiden, dann die Tasche durch die Wendeöffnung umstülpen. Nun die Wendeöffnung von Hand schließen.

6 In den Boden der Clutch gleichmäßige Legefalten bügeln. Den Druckknopf entsprechend der angegebenen Position von Hand annähen. Darauf achten, dass dabei nicht beide Stofflagen durchstochen werden. Nach Belieben einzelne Rosenblüten nachsticken und die Strasssteinchen aufkleben.

Paillettentasche

Größe: Ø 20 cm • Schwierigkeitsgrad

Das glitzernd-glamouröse Tüpfelchen auf dem I für den Party-Auftritt! Mit dieser Minitasche für die nötigsten Utensilien setzen Sie bei jedem Outfit ein Highlight. Trotzdem sind Sie mit dem klassischen schwarzen Hingucker stets stilvoll und elegant unterwegs.

Das brauchen Sie: Vorlage S. 61

- Paillettenstoff in Schwarz, 50 cm breit, 30 cm lang
- Futterstoff nach Wahl, 50 cm breit, 30 cm lang
- 1 Metallreißverschluss in Silber, 20 cm lang
- Kordel in Kupfer, 1,10 m lang
- 1 Quaste in Mintgrün
- farblich passendes Garn

So wird's gemacht

Zuschneiden:

aus Paillettenstoff: 2 x Vorder- und Rückseite, 1 x seitliches Band im Bruch, inkl. 7 mm Nahtzugabe;

aus Futterstoff: 2 x Vorder- und Rückseite, 1 x seitliches Band im Bruch, inkl. 7 mm Nahtzugabe

1 Das Schnittteil für das seitliche Band aus Paillettenstoff rechts auf rechts auf Reißverschlussanfang und -ende legen, die Kordelenden mittig dazwischenlegen und festnähen, sodass ein Ring entsteht.

2 Den Reißverschluss öffnen, dann die Vorder- und Rückseite aus Paillettenstoff an den Ring stecken (auf die Paillettenstrichrichtung achten!) und bei 7 mm Nahtzugabe festnähen, dann umstülpen.

3 Das seitliche Band aus Futterstoff an die Vorder- und Rückseite aus Futterstoff mit 7 mm Nahtzugabe nähen.

4 Das Futter in die Tasche stecken, die Nahtzugabe von Vorder- und Rückseite entlang des Reißverschlusses nach innen schlagen und vorsichtig von Hand an die Nahtzugabe des Reißverschlusses nähen.

5 Die Quaste an den Zipper knoten.

Praktische Helfer für Groß und Klein

Kulturtasche

Größe: 23 cm x 15 cm • Schwierigkeitsgrad

Mit diesem Täschchen werden spontane Reisen etwas organisierter. Der bunte Patchwork-stoff lässt jedes noch so schlicht eingerichtete Hotelzimmer gleich viel gemütlicher wirken. Und falls mal etwas ausläuft, können Sie die Kulturtasche einfach in die Waschmaschine stecken.

Das brauchen Sie: Vorlage S. 61

- Baumwollstoff in Rosa mit Patchworkprint, 60 cm breit, 20 cm lang
- Baumwollstoff in Rosa kariert, 60 cm breit, 30 cm lang
- Futterstoff nach Wahl (evtl. wasser-abweisend), 1,20 m breit, 30 cm lang
- Bügeleinlage, mittelstark, 60 cm breit, 50 cm lang
- 1 Textilband in Grau, 1 cm breit, 10 cm lang
- 1 Plastikreißverschluss in Rot, 30 cm lang
- farblich passendes Garn

So wird's gemacht

Zuschneiden:
aus Baumwollstoff in Rosa mit Patchworkprint: 2 x Seitenteil, inkl. 1 cm Nahtzugabe;

aus Baumwollstoff in Rosa kariert: 1 x Boden im Bruch, 2 x Streifen am Reißverschluss im Bruch, inkl. 1 cm Nahtzugabe;

aus Futterstoff: 2 x Seitenteil, 1 x Boden im Bruch, 2 x Streifen am Reißverschluss im Bruch, inkl. 1 cm Nahtzugabe;

aus Bügeleinlage: 2 x Seitenteil, 1 x Boden im Bruch, 2 x Streifen am Reißverschluss im Bruch, inkl. 1 cm Nahtzugabe

1 Alle Schnittteile mit Bügeleinlage verstärken (das Futter ausgenommen). Den Reißverschluss zwischen die beiden schmalen Streifen aus dem karierten Baumwollstoff nähen. Die Reißver-schlusszähnchen liegen dabei auf der rechten Stoffseite und zeigen zum Stoff hin.

2 Das Bodenteil aus dem karierten Baumwollstoff an den kurzen Seiten rechts auf rechts an die kur-zen Seiten des Reißverschlussteils nähen, sodass ein Ring entsteht. Das Textilband am Bodenteil wie abgebildet vorfixieren.

3 Die Außenkanten des Rings rechts auf rechts auf die Seitenteile der Tasche aus dem rosafarbe-nen Patchworkstoff stecken (auf eine eventuelle „Kopfrichtung" des Musters achten). Ringsherum bei 1 cm Nahtzugabe annähen. Der Reißverschluss sollte dabei geöffnet sein, sodass man die Tasche durch dieses Loch umstülpen kann.

4 Das Futter genauso zusammennähen. Dort, wo bei der Außentasche der Reißverschluss ein-genäht wird, die Nahtzugabe nun 1 cm weit nach innen bügeln, es entsteht ein Schlitz.

5 Die Futtertasche wird nun in die Außentasche gesteckt und entlang des Reißverschlusses fest-gesteckt. Danach von außen mit gleichmäßigem Abstand zum Reißverschluss absteppen.

Runde Kosmetiktasche

Größe: Ø 19 cm • Schwierigkeitsgrad

Diese Kosmetiktasche ist nicht nur ein tolles Geburtstagsgeschenk für eine reisefreudige Freundin, auch im eigenen Badezimmer wirkt sie dekorativ. Sie beherbergt gern kleine unverzichtbare Utensilien wie Haarnadeln, Lidschatten, Puder oder Rouge.

Das brauchen Sie: Vorlage S. 60

- Baumwollstoff in Weiß mit Blümchenprint, 50 cm breit, 25 cm lang
- Baumwollstoff in Rot-Weiß kariert, 70 cm breit, 20 cm lang
- Futterstoff nach Wahl, 70 cm breit, 50 cm lang
- Volumenvlies, 70 cm breit, 50 cm lang
- 1 Reißverschluss in Grün, 55 cm lang
- 1 Quaste in Mintgrün
- farblich passendes Garn

So wird's gemacht

Zuschneiden:

aus Baumwollstoff in Weiß mit Blümchenprint:
2 x Boden bzw. Deckel, inkl. 1 cm Nahtzugabe;

aus Baumwollstoff in Rot-Weiß kariert: 1 x Seite im Bruch, inkl. 1 cm Nahtzugabe;

aus Volumenvlies: 2 x Boden bzw. Deckel, 1 x Seite im Bruch;

aus Futterstoff: 2 x Boden bzw. Deckel, 1 x Seite im Bruch, inkl. 1 cm Nahtzugabe

1 Alle Schnittteile mit Volumenvlies verstärken, ausgenommen das Futter. Deckel und Boden des Außenstoffs gleichmäßig mit einem Rautenmuster absteppen. Als Hilfe die Stepplinien zuvor mit Schneiderkreide auf den Stoff zeichnen.

2 Das Schnittteil für die Seite rechts auf rechts legen und zu einem Ring zusammennähen. Die Nahtzugabe auseinanderbügeln. Den Boden anschließend rund einsetzen. Auf die gleiche Weise mit dem Futter verfahren. Der Deckel des Futterstoffs wird jetzt an den hervorstehenden Teil des Seitenteils genäht.

3 Den Reißverschluss ab der Markierung an den äußeren Rand nähen, ihn dabei geöffnet auf die rechte Stoffseite legen. Nach dem Annähen den Reißverschluss wieder schließen.

4 Am Anfangs- und Endpunkt des Reißverschlusses die Nahtzugabe schräg einschneiden, sodass man sie nach innen klappen kann. Danach wird sie mit ein paar Handstichen befestigt.

5 Den Reißverschluss ein kleines Stück öffnen, die rechte Seite des Deckels auf die Außenseite des Reißverschlusses legen und einmal komplett ringsherum nähen.

6 Das Futter rechts auf rechts an die Reißverschluss-Nahtzugabe stecken und festnähen. Eine kleine Wendeöffnung lassen und die Tasche umstülpen. Die Öffnung anschließend von Hand schließen. Die Quaste mit ein paar Handstichen außen mittig an den Deckel nähen.

Das brauchen Sie: Vorlage S. 62/63

- Wachstuch in Rot mit weißen Punkten, 1,40 m breit, 1,10 m lang
- Baumwollstoff in Blau-Weiß kariert (Futterstoff), 1,40 m breit, 1 m lang
- Kordel in Weiß, 1,30 m lang
- 2 Bambusstäbe als Griffe, 30 cm lang
- farblich passendes Garn
- ggf. Textilklebstoff

Strandtasche

Größe: 50 cm x 40 cm • Schwierigkeitsgrad

Pack die Badesachen ein und dann nichts wie ab ans Meer! In dieser geräumigen Strandtasche finden nicht nur Badehosen und -anzüge für die ganze Familie Platz, auch Handtücher und ausreichend Proviant können für einen Tag am Meer verstaut werden.

So wird's gemacht

Zuschneiden:

aus Wachstuch: 2 x Vorder- und Rückteil Wachstuch (52 cm x 50 cm), 1 x Boden (52 cm x 27 cm), 2 x Seitenteil Wachstuch (27 cm x 50 cm), inkl. 1 cm Nahtzugabe;
aus Futterstoff: 2 x Vorder- und Rückteil Futter (52 cm x 40 cm), 1 x Boden (52 cm x 27 cm), 2 x Seitenteil Futter (27 cm x 40 cm), 2 x Futter mit Tunnelzug (77 cm x 35 cm), inkl. 1 cm Nahtzugabe

1 Die Schnittteile aus Wachstuch folgendermaßen zusammensetzen: Die Seitenteile werden an den kurzen Seiten an den Boden genäht. Das Vorder- und Rückteil jeweils an die Seitenteile und den Boden setzen und annähen. Dann die Tasche auf rechts drehen und die obere Kante 12 cm nach innen einschlagen.

2 Die Seitenteile aus Futterstoff an den kurzen Seiten an den Boden nähen. Das Vorder- und Rückteil des Futterstoffs jeweils an die Seitenteile und den Boden nähen, dabei eine 20 cm breite Wendeöffnung lassen. Die Nähte versäubern, entweder mit einer Overlock- oder einer Zick-Zack-Naht.

3 Für den oberen Teil mit Tunnelzug das Tunnelzug-Schnittteil aus Futterstoff an den kurzen

Seiten zusammennähen und anschließend die offenen Kanten versäubern. Die Knopflöcher gemäß den Markierungen in der Schnittvorlage an den dafür vorgesehenen Stellen einarbeiten. Für den Tunnelzug 5 cm nach innen schlagen und bei 3,5 cm und 4,5 cm doppelt absteppen. Ein Kordelende mithilfe einer Sicherheitsnadel durch die Öffnung des einen Knopflochs fädeln und einmal rundherum führen, bis es beim zweiten Knopfloch wieder herauskommt.

4 Nun das Tunnelzug-Teil rechts auf rechts in die Wachstuchtasche stecken. Dann die Futtertasche auf links in die Wachstuchtasche stecken. Mit der Hand durch die Wendeöffnung im Futter die Nahtzugaben aller drei Lagen zusammenfassen, herausziehen und dann Stück für Stück zusammennähen. So wird die Tasche an der oberen Schnittkante zwischen Futtertasche und Tunnelzug gefasst.

5 Die Öffnung für die Tragegriffe ausschneiden. Dann die Bambusstäbe zwischen die Öffnungen legen und mit einer Absteppung um die Griffe und die Eingriffe herum befestigen. Zusätzlich kann der Umschlag noch mit Textilkleber fixiert werden.

6 Nun die Wendeöffnung im Futter entweder von Hand mit Matratzenstichen oder knappkantig mit der Maschine schließen.

Laptoptasche

Heutzutage kann man sich ein Leben ohne Laptop gar nicht mehr vorstellen. Damit Sie ohne Datenverlust und andere Schäden von A nach B kommen, ist eine Tasche unverzichtbar. In den passenden Farben kommt dieses Modell sicher auch als Geschenk bei Herren gut an.

Das brauchen Sie: Vorlage S. 61

- dicke Filzplatte in Hellgrau, 1 m breit, 70 cm lang
- Nylonband in Grün, 4 cm breit, 1,70 m lang
- Plastikreißverschluss in Grün, je nach Laptopgröße ca. 85 cm lang
- farblich passendes Garn

So wird's gemacht

Zuschneiden:

Vermessen Sie Ihren Laptop, der Filzzuschnitt errechnet sich dann mithilfe der Schnittmusterskizze wie folgt:

A x (2 B + C), das heißt: A = Länge des Laptops + 1 cm Spiel + 2 cm Nahtzugabe x (2 B = 2 x Breite des Laptops + 1 cm Spiel + 1 cm Nahtzugabe + C = Höhe des Laptops). Schneiden Sie Ihre Filzplatte entsprechend der Berechnung aus, die Ecken werden leicht abgerundet. Falls Ihr Laptop dicker als 3 cm ist, müssen Sie mit einem separaten Seitenstreifen arbeiten, in den das ca. 3 cm breite Reißverschlussband eingesetzt wird.

1 Das Nylonband zu einem Ring zusammenlegen, die Enden überlappen ca. 1 cm, dann mit einem Zick-Zack-Stich zusammennähen.

2 Das Nylonband auf dem Filz platzieren, der Abstand zur Seite beträgt jeweils ca. 6 – 8 cm. Nun wird es beidseitig aufgenäht, dabei je 6 cm vor dem Filzende stoppen, sodass der Henkel im oberen Bereich locker hängt. Beim Feststecken der Henkel darauf achten, dass sie gleich lang sind.

3 Den Reißverschluss öffnen und eine Seite mit den Zähnchen nach innen gerichtet auf den Filz legen. Start und Endpunkt sind die Stellen, an denen die „Laptophöhe" beginnt (siehe Schnittmusterskizze).

4 Anschließend die andere Seite darüberklappen und diese Seite an den Reißverschluss nähen. Am Reißverschlussanfang und -ende wird die Nahtzugabe eingeschnitten, sauber nach innen geklappt und mit einer kurzen Naht von innen fixiert. Zuletzt die Tasche wenden.

Picknicktasche

Größe: 1 m x 1,40 m • Schwierigkeitsgrad

Diese Picknicktasche mit zwei Außentaschen verwandelt sich am Ausflugsziel in eine farbenfrohe Decke. Bei einem überraschenden Sommerregenguss lässt sich die Decke schnell zusammenfalten und mit den seitlichen Verschlüssen zurück in eine Tasche verwandeln.

Das brauchen Sie: Vorlage S. 46

- Fleecestoff in Grün, 1,40 m breit, 1 m lang
- Baumwollstoff mit Erdbeermuster, 1,40 m breit, 1,30 m lang
- Trägerband, gestreift, 5 cm breit, 1 m lang
- 2 Druckknöpfe in Altgold, ø 1 cm
- 6 Knebelverschlüsse
- farblich passendes Garn

So wird's gemacht

Zuschneiden:
aus Fleecestoff: 1,40 m x 1 m, inkl. 1 cm Nahtzugabe;
aus Baumwollstoff mit Erdbeermuster: 1,40 m x 1 m; 2 x Außentasche (27 cm x 30 cm), inkl. 1 cm Nahtzugabe

1 Alle Kanten der Außentaschen aus dem Stoff mit Erdbeermuster versäubern. An je zwei kurzen Seiten und einer langen Seite 1 cm nach innen umbügeln. An der übrigen Seite zweimal 2 cm nach innen umbügeln. Nur diesen Umschlag festnähen. Auf der Mitte dieser Nahtstrecke einen Druckknopf anbringen.

2 Die Mitte des Fleecestoffes (70 cm) und je 11 cm von der oberen Kante entfernt nach unten abmessen. Hier die Gegenstücke der Druckknöpfe anbringen. Die Außentaschen anknöpfen und seitlich sowie unten knappkantig auf den Fleecestoff aufnähen.

3 Das Trägerband in zwei gleiche Teile zuschneiden. Die Träger mit einem Kreuz aufnähen, und zwar 11 cm von der oberen Kante entfernt rechts und links über den Außentaschen.

4 Bei je 40 cm von der Kante gemessen Längslinien in den Fleecestoff bügeln und mittig eine Querlinie (bei 50 cm). An der Längskante beginnend die Knebelverschlüsse befestigen. Der Abstand von oben sowie zur Mittellinie beträgt 3 cm. Der mittlere Verschluss sitzt mittig zwischen den zwei anderen. Auf jeder Seite untereinander zunächst drei Knebel befestigen, dann drei Schlaufen (siehe Skizze unten).

5 Jetzt den Stoff mit Erdbeermuster rechts auf rechts auf den Fleecestoff legen. Bei 1 cm Nahtzugabe ringsherum nähen und eine kleine Wendeöffnung an einer Stelle lassen, durch die das Ganze umgestülpt werden kann. Die Ecken vor-

her zurückschneiden. Die Wendeöffnung mit einigen Handstichen schließen. Die Außenkante sauber glatt bügeln.

6 Nun die Stepplinien entsprechend der Skizze durch beide Stofflagen vorbügeln und absteppen, damit beide Stofflagen miteinander fixiert sind und nichts verrutschen kann.

Zuschnitt Picknicktasche (Maße in cm)

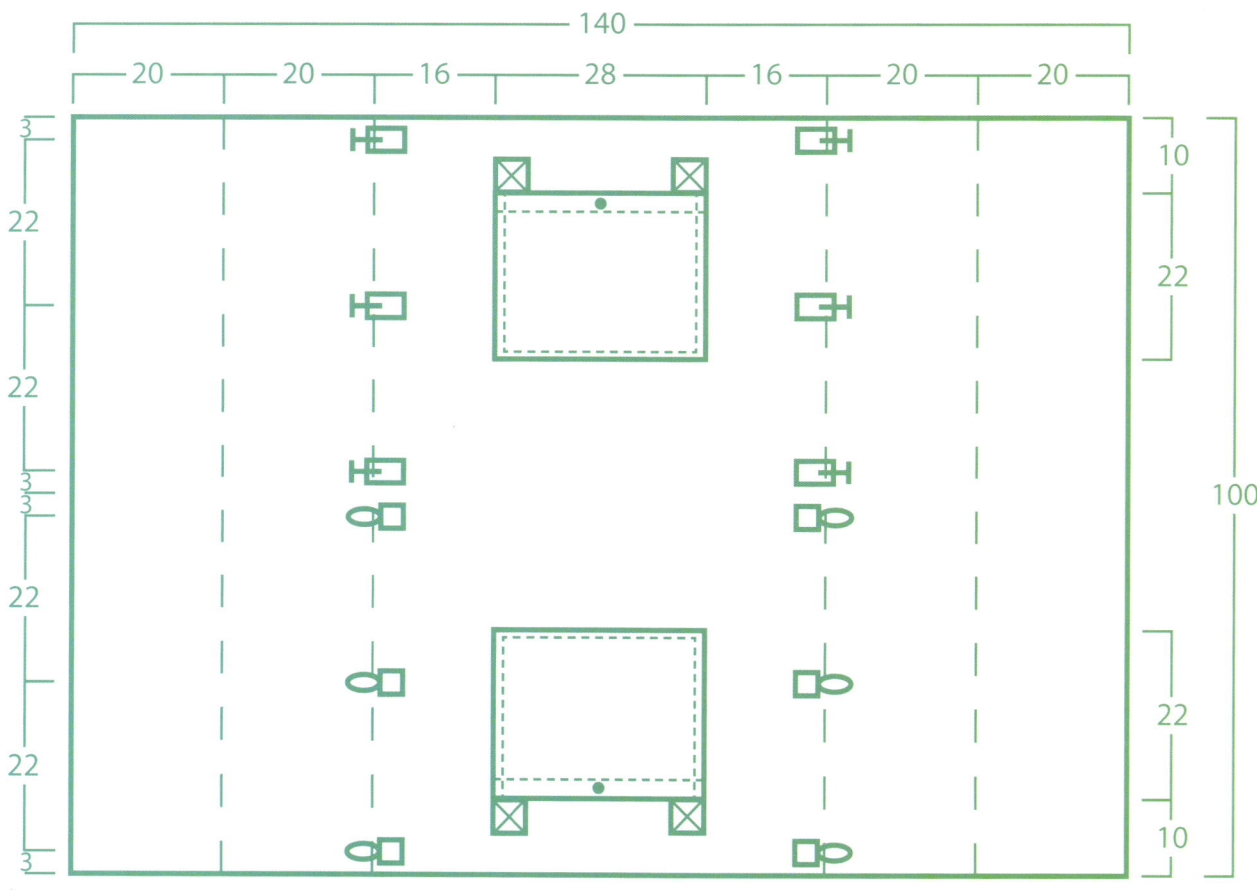

1 x Fleecestoff
1 x Baumwollstoff mit Erdbeermuster
2 x Außentasche Erdbeermuster, 27 cm x 30 cm

— — — Steppungen

● Position Druckknopf

⊠ Position Träger

⊟ Position Knebel

⊡ Position Schlaufe

Kinderrucksack

Größe: 22 cm x 25 cm • Schwierigkeitsgrad

Hier passen die wichtigsten Habseligkeiten der Kleinen für das Wochenende bei den Großeltern oder den ersten Freunden hinein: Kuscheltier, Malsachen, Spielzeug ... Auch mit Pausenbroten bepackt gibt dieser bunte Rucksack Sicherheit, wenn man allein in der Kita bleiben muss.

Das brauchen Sie: Vorlage S. 48 + 56

- Baumwollstoff mit Pilzmuster, 1,20 m breit, 50 cm lang
- Baumwollstoff in Grün gepunktet, 25 cm breit, 16 cm lang
- Baumwollstoff in Blau gepunktet (Futterstoff), 1,20 m breit, 40 cm lang
- Bügeleinlage, mittelstark, 50 cm breit, 20 cm lang
- Kordel in Rot, 60 cm lang
- 2 Ösen in Gold, ø 1,1 cm
- Klettband in Gelb, 2 cm breit, 4 cm lang
- Schrägband in Rot, 60 cm lang
- Nylonband in Rot, 3 cm breit, 80 cm – 1,30 m lang (je nach Kindergröße)
- 2 Versteller für die Träger, 3 cm breit (optional)
- farblich passendes Garn

aus Baumwollstoff in Grün gepunktet: 1 x Deckel, inkl. 1 cm Nahtzugabe;

aus Futterstoff: 1 x Seitenteil im Bruch, 1 x Boden im Bruch, inkl. 1 cm Nahtzugabe;

aus Nylonband: Träger
3–4 Jahre: 2 x 36 cm, inklusive 1 cm Nahtzugabe
4–5 Jahre: 2 x 44 cm, inklusive 1 cm Nahtzugabe
5–6 Jahre: 2 x 52 cm, inklusive 1 cm Nahtzugabe
Verstellbare Träger: 2 x 12 cm, 2 x 50 cm (inklusive 1 cm Nahtzugabe)

So wird's gemacht

Zuschneiden:
aus Baumwollstoff mit Pilzmuster: 1 x Seitenteil im Bruch, 1 x Boden im Bruch, 1 x Deckel, inkl. 1 cm Nahtzugabe;

aus Bügeleinlage: 1 x Seitenteil im Bruch, 1 x Boden im Bruch, 1 x Deckel, inkl. 1 cm Nahtzugabe;

1 Alle Schnittteile aus dem Baumwollstoff mit Pilzmuster mit der Bügeleinlage verstärken. Auf der inneren Deckelseite das Klettflauschband sowie auf dem Seitenteil außen das Kletthakenband entsprechend den Markierungen im Schnittmuster aufnähen. Die Ösen anbringen, dabei ebenfalls auf die genaue Platzierung achten (siehe Schnittmuster). Das Nylonband gemäß Markierung mit einem Kreuz auf das Seitenteil nähen, das Band zeigt hierbei nach oben Richtung Öffnung. Werden Versteller verwendet, müssen die langen Bänder aufgenäht werden.

2 Als Aufhängerschlaufe 12 cm des Schrägbands knappkantig zusammennähen. Die Schlaufe mittig auf der geraden Strecke eines Deckelteils platzieren, sie zeigt dabei zum Deckel hin. Dann beide Deckelteile für innen und außen rechts auf rechts legen und entlang der geraden Kante nähen. Anschließend bügeln und innen und außen links auf links aufeinanderklappen. Ringsherum mit dem Schrägband einfassen.

3 Das Seitenteil rechts auf rechts aufeinanderfalten und seitlich zusammennähen, dann den Boden rund einsetzen. Ebenso mit den Schnittteilen aus Futterstoff verfahren. Nicht vergessen, bei den äußeren Teilen die Nylonbänder an der markierten Stelle zwischen Seitenteil und Boden zu fassen. An diesen Stellen mehrmals vor- und zurücknähen, damit die Träger stabil befestigt sind. Bei der Variante mit Versteller werden die kurzen Stücke an den Boden genäht, am anderen Ende den Versteller mit einer Zick-Zack-Naht befestigen. Nun das lange Band einfädeln, anschließend das Ende doppelt einschlagen und vernähen, sodass es nicht mehr komplett aus dem Versteller rutschen kann.

4 Das Futter links auf links in den Rucksack stecken. Danach die obere Kante zweimal 2 cm einbügeln, dabei beide Lagen zusammenfassen. Die Ösen liegen außen. Das Futter nun ringsherum bei 1,8 cm annähen, sodass ein Tunnelzug entsteht, und die Kordel mithilfe einer Sicherheitsnadel durch den genähten Tunnel fädeln.

5 Den Deckel knappkantig auf die Rückseite des Rucksacks nähen.

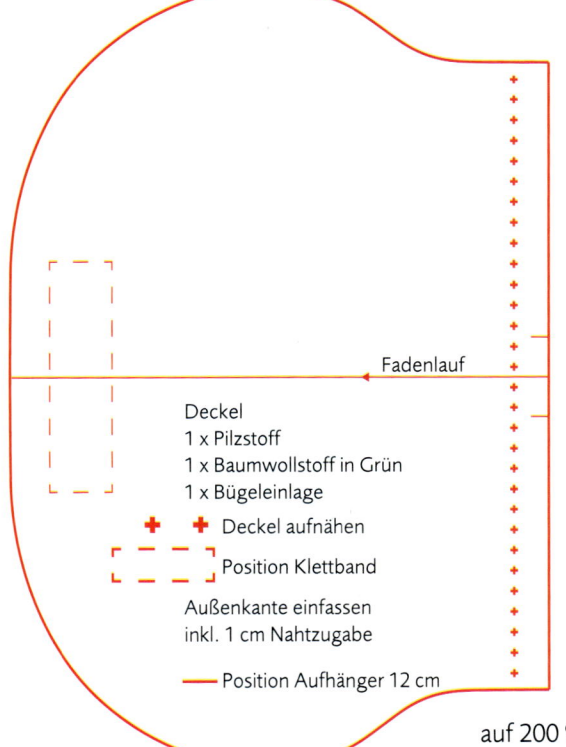

Fadenlauf

Deckel
1 x Pilzstoff
1 x Baumwollstoff in Grün
1 x Bügeleinlage

+ + Deckel aufnähen

Position Klettband

Außenkante einfassen
inkl. 1 cm Nahtzugabe

— Position Aufhänger 12 cm

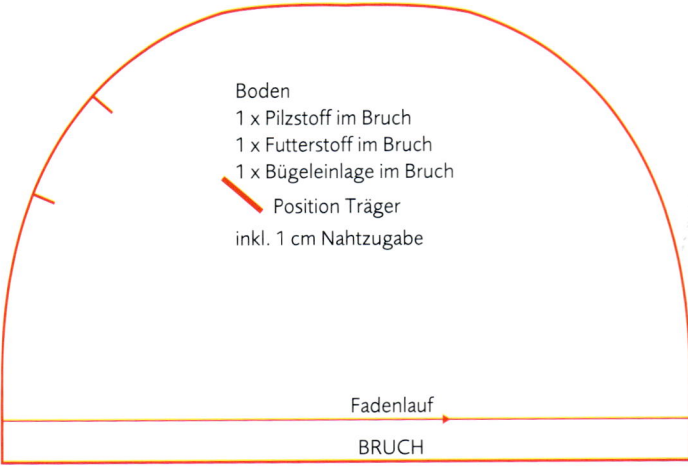

Boden
1 x Pilzstoff im Bruch
1 x Futterstoff im Bruch
1 x Bügeleinlage im Bruch

Position Träger
inkl. 1 cm Nahtzugabe

Fadenlauf

BRUCH

auf 200 % vergrößern

Turnbeutel

Größe: 28 cm x 30 cm • **Schwierigkeitsgrad**

Für den Transport von Sportschuhen zu den ersten Stunden der Kinderturngruppe sind die lustigen Turnbeutel bestens geeignet - natürlich in den Lieblingsfarben der Kinder! Wer weder Piraten noch Bambis mag, kann bestimmt mit dem Emblem des Lieblings-Fußballvereins oder einem Pony beglückt werden.

Das brauchen Sie: Vorlage S. 64

- Baumwollstoff, kariert oder gestreift, 70 cm breit, 50 cm lang
- Bügeleinlage, mittelstark, 70 cm breit, 50 cm lang
- Kordel in Rot oder Blau, 1,80 m lang
- Filzreste in passenden Farben (Applikationen)
- Glitzerstein oder Schleife (optional)
- farblich passendes Garn

So wird's gemacht

Zuschneiden:
aus Baumwollstoff: 2 x Beutel, 28 cm x 34 cm, inkl. 1 cm Nahtzugabe, 1 x Kordelschlaufe, 12 cm x 8 cm;
aus Bügeleinlage: 2 x Beutel, 28 cm x 34 cm, inkl. 1 cm Nahtzugabe, 1 x Kordelschlaufe, 12 cm x 8 cm;
aus Filz: Motive zum Applizieren

1 Die Beutelteile und die Kordelschlaufe aus Baumwollstoff mit Bügeleinlage verstärken. Die Längskanten der Schlaufe zur Mitte bügeln, dann noch einmal mittig falten und bügeln. Beidseitig knappkantig abnähen und in zwei gleiche Teile schneiden.

2 Das Filzmotiv mittig von rechts auf einem der Beutelteile platzieren (siehe Schnittmuster) und feststecken. Einen Knopflochstich einstellen (sehr kleiner Zick-Zack-Stich mit sehr kleiner Stichlänge). Das Motiv damit knappkantig festnähen. Anschließend nach Belieben Verzierungen wie Glitzersteine oder Schleifen aufkleben.

3 Die Schlaufen mittig falten und auf der rechten Stoffseite auf ihre Position legen, die offenen Kanten zeigen nach außen. Die Beutelteile rechts auf rechts legen und rundherum zusammennähen. Dabei jeweils 6 cm vor der oberen Kante mit der Naht starten und enden, die obere Kante bleibt offen. Die Naht mit einem breiten Zick-Zack-Stich oder einer Overlocknaht versäubern.

4 Die obere Kante zweimal 2 cm nach innen bügeln und bei 1,8 cm festnähen, sodass ein Tunnelzug entsteht. Anschließend die Kordel einfädeln, durch die Kordelschlaufen ziehen und verknoten.

Schulmäppchen

Mit diesen Schulmäppchen sind Buntstifte, Radiergummi und Spitzer schnell aufgeräumt! Sie sind nicht nur ein tolles Geschenk zur Einschulung, auch ältere Kinder freuen sich bestimmt über so ein nützliches Mäppchen aus ihrem Lieblingsstoff!

Das brauchen Sie: Vorlage S. 63

- Baumwollstoff in Blau oder Rosa gemustert, 30 cm breit, 30 cm lang
- Bügeleinlage, mittelstark, 50 cm breit, 30 cm lang
- Baumwollstoff in Blau oder Rosa, 25 cm breit, 12 cm lang
- Band oder Kordel in Blau oder Rosa, 1 cm breit, 6 cm lang
- Reißverschluss in Blau oder Rosa, 20 cm lang
- farblich passendes Garn

1 Alle Schnittteile mit Bügeleinlage verstärken. Den Reißverschluss öffnen und mit den Zähnchen nach innen gerichtet auf die rechte Stoffseite der oberen Kanten des gemusterten Baumwollstoffs legen. Eine Seite nach der anderen festnähen.

2 Das Band oder die Kordel mittig falten und am Reißverschlussende positionieren. Dann die Bodenteile aus dem einfarbigen Baumwollstoff beidseitig rechts auf rechts anstecken und rund einnähen. Zum Schluss das Mäppchen durch die Reißverschlussöffnung umstülpen.

So wird's gemacht

Zuschneiden:

aus Baumwollstoff mit Muster: 1 x Seite im Bruch, inkl. 1 cm Nahtzugabe;

aus Baumwollstoff in Blau oder Rosa: 2 x Boden, inkl. 1 cm Nahtzugabe;

aus Bügeleinlage: 1 x Seite im Bruch, 2 x Boden, inkl. 1 cm Nahtzugabe

Kinderbrustbeutel

Größe: 15 cm x 16 cm • Schwierigkeitsgrad

Diesen witzigen Brustbeutel finden garantiert auch coole Kids toll. Wenn sie dazu noch selbst den Stoff aussuchen dürfen, aus dem das Unikat genäht wird, gibt es bestimmt keine Diskussionen mehr über den sicheren Transport des Taschengeldes.

Das brauchen Sie: Vorlage S. 64

- Baumwollstoff mit Muster, 40 cm breit, 20 cm lang
- Bügeleinlage, mittelstark, 40 cm breit, 20 cm lang
- Reißverschluss in Rot, 12 cm lang
- Kordel in Violett, 70 cm lang
- farblich passendes Garn

So wird's gemacht

Zuschneiden:
aus Baumwollstoff: 2 x Beutel, inkl. 1 cm Nahtzugabe;
aus Bügeleinlage: 2 x Beutel, inkl. 1 cm Nahtzugabe

1 Die Beutelteile mit Bügeleinlage verstärken. Die Markierung „Einschnitt" (siehe Schnittmuster) mit Bleistift auf die linke Stoffseite zeichnen und bis in die Ecken einschneiden, aber nur bei einem der beiden Stoffstücke. Dann die eingeschnittenen Kanten nach innen bügeln, sodass ein rechteckiges Fenster entsteht.

2 Den Reißverschluss mittig unter dieses Fenster stecken und ringsherum knappkantig absteppen. Dann den Reißverschluss öffnen, die Kordel entsprechend der Markierung im Schnittmuster platzieren. Die Kordelenden zeigen hierbei zur Stoffaußenkante.

3 Die Beutelteile rechts auf rechts legen und ringsherum zusammennähen. Darauf achten, dass dabei nicht versehentlich über die Kordel genäht wird, außer an den gewünschten Stellen. Anschließend mit Zick-Zack-Stich oder Overlocknaht versäubern. Durch den geöffneten Reißverschluss umstülpen.

Schnittmuster

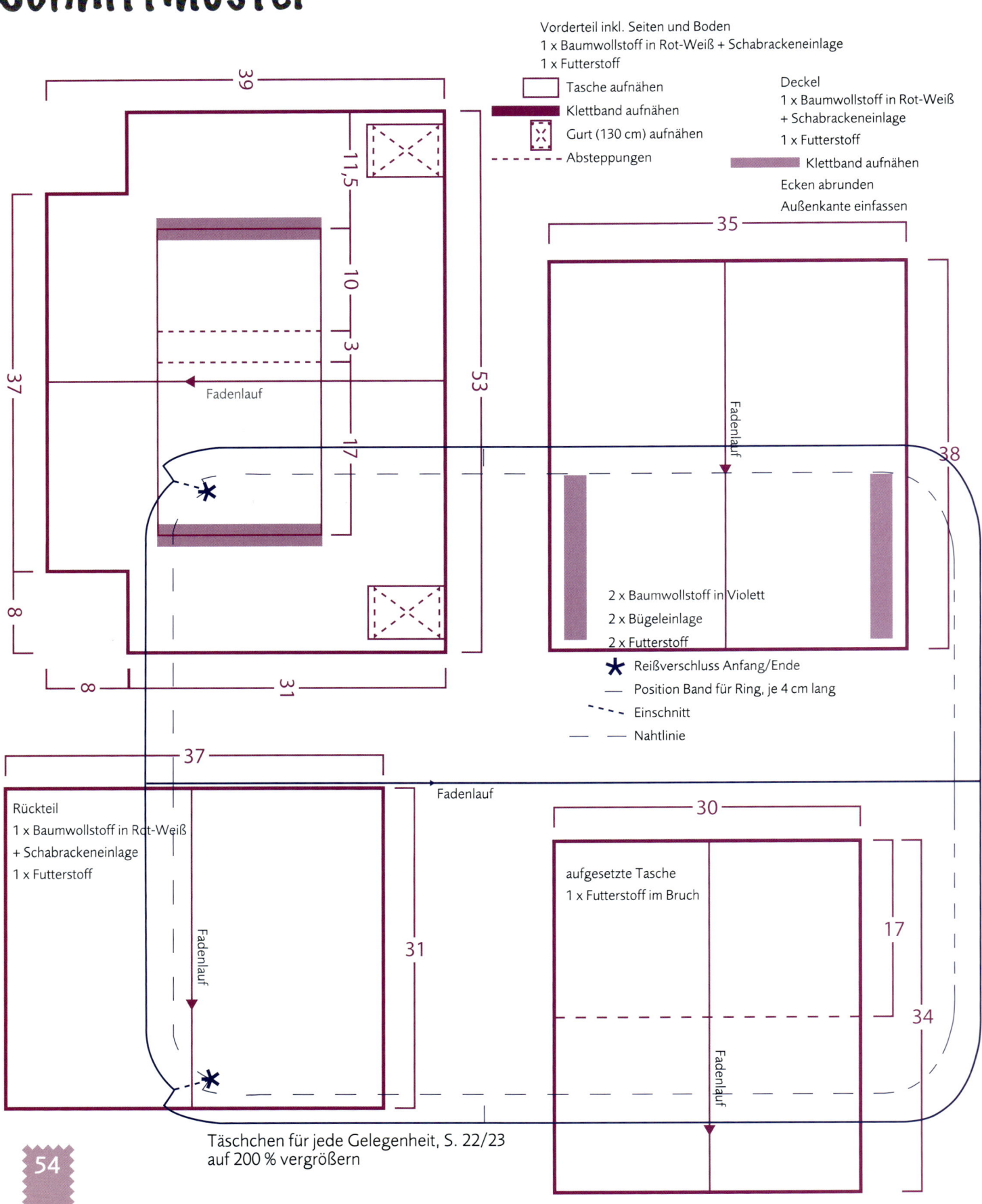

Vorderteil inkl. Seiten und Boden
1 x Baumwollstoff in Rot-Weiß + Schabrackeneinlage
1 x Futterstoff

☐ Tasche aufnähen
▬ Klettband aufnähen
⊠ Gurt (130 cm) aufnähen
--- Absteppungen

Deckel
1 x Baumwollstoff in Rot-Weiß
+ Schabrackeneinlage
1 x Futterstoff

▬ Klettband aufnähen
Ecken abrunden
Außenkante einfassen

39
11,5
10
3
Fadenlauf
17
53
37
8
8
31

35
Fadenlauf
38

2 x Baumwollstoff in Violett
2 x Bügeleinlage
2 x Futterstoff

✱ Reißverschluss Anfang/Ende
— Position Band für Ring, je 4 cm lang
--- Einschnitt
— Nahtlinie

37
Fadenlauf

Rückteil
1 x Baumwollstoff in Rot-Weiß
+ Schabrackeneinlage
1 x Futterstoff

Fadenlauf
31

30
aufgesetzte Tasche
1 x Futterstoff im Bruch
17
Fadenlauf
34

Täschchen für jede Gelegenheit, S. 22/23
auf 200 % vergrößern

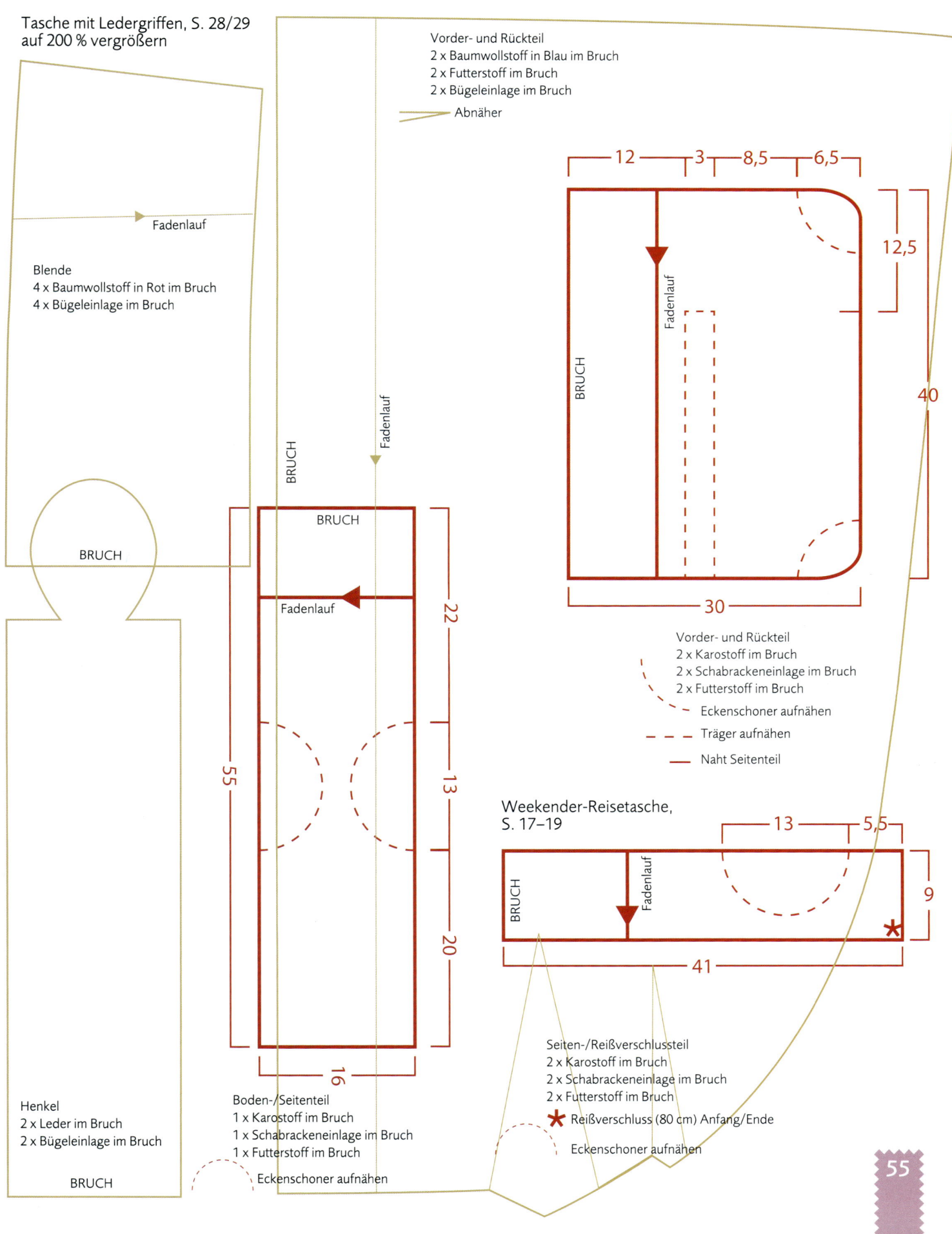

Tasche mit Ledergriffen, S. 28/29
auf 200 % vergrößern

Fadenlauf

Blende
4 x Baumwollstoff in Rot im Bruch
4 x Bügeleinlage im Bruch

BRUCH

Henkel
2 x Leder im Bruch
2 x Bügeleinlage im Bruch

BRUCH

Vorder- und Rückteil
2 x Baumwollstoff in Blau im Bruch
2 x Futterstoff im Bruch
2 x Bügeleinlage im Bruch

Abnäher

BRUCH

Fadenlauf

BRUCH

Fadenlauf

55

22

13

20

16

Boden-/Seitenteil
1 x Karostoff im Bruch
1 x Schabrackeneinlage im Bruch
1 x Futterstoff im Bruch

Eckenschoner aufnähen

12   3   8,5   6,5

BRUCH

Fadenlauf

12,5

40

30

Vorder- und Rückteil
2 x Karostoff im Bruch
2 x Schabrackeneinlage im Bruch
2 x Futterstoff im Bruch

- - - Eckenschoner aufnähen

– – – Träger aufnähen

——— Naht Seitenteil

Weekender-Reisetasche,
S. 17–19

13   5,5

BRUCH

Fadenlauf

9

41

Seiten-/Reißverschlussteil
2 x Karostoff im Bruch
2 x Schabrackeneinlage im Bruch
2 x Futterstoff im Bruch

✱ Reißverschluss (80 cm) Anfang/Ende

Eckenschoner aufnähen

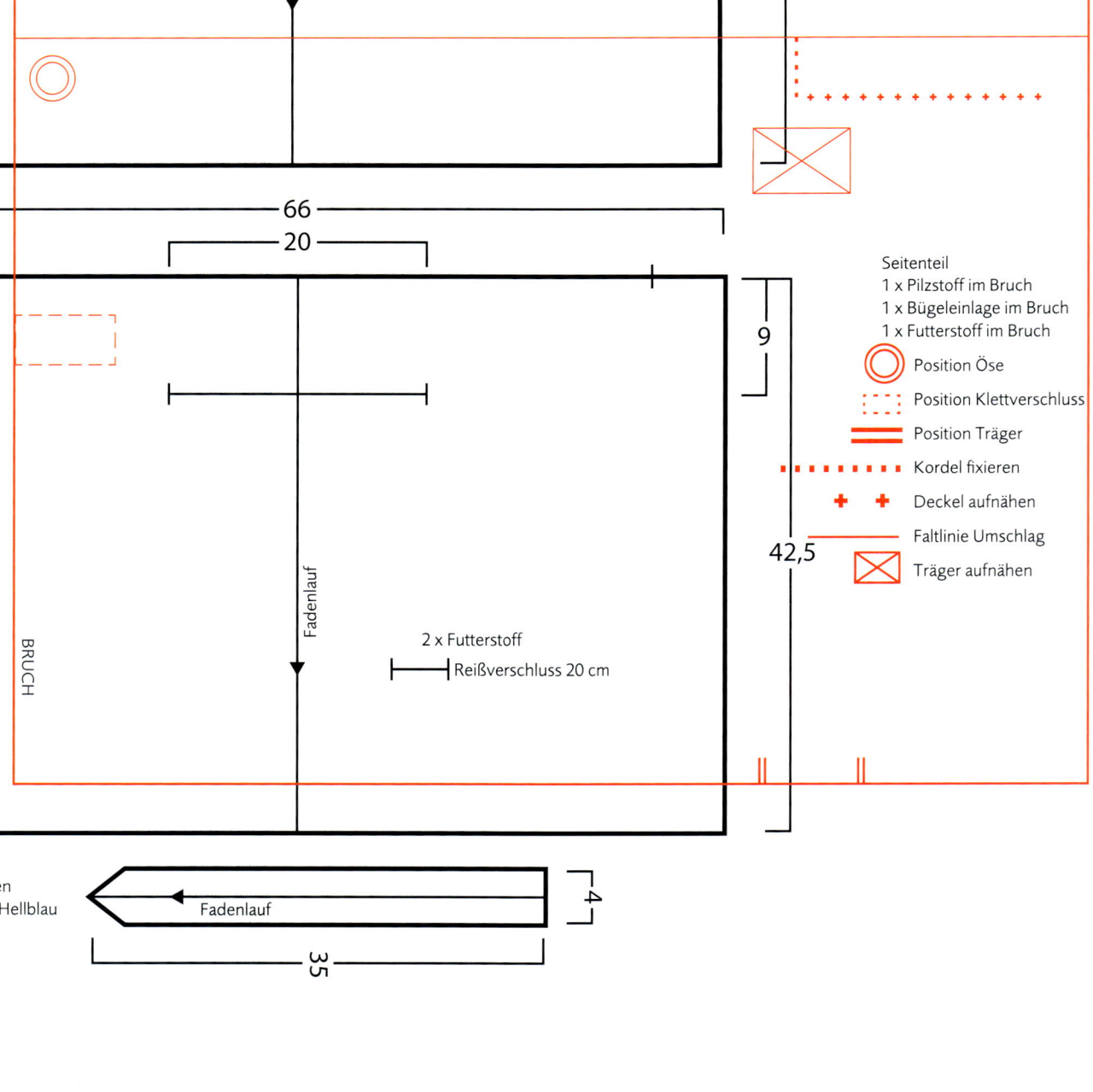

66

5,5   14   5,5

Vorder- und Rückseite
2 x Blumenstoff
2 x Bügeleinlage

── Reißverschluss Anfang/Ende

⌂ Position Aufhängung

Fadenlauf

42,5

Kinderrucksack, S. 47–49
auf 200 % vergrößern

66

20

9

Fadenlauf

BRUCH

2 x Futterstoff
├─ Reißverschluss 20 cm

42,5

Seitenteil
1 x Pilzstoff im Bruch
1 x Bügeleinlage im Bruch
1 x Futterstoff im Bruch

◎ Position Öse

┈ Position Klettverschluss

═ Position Träger

••• Kordel fixieren

+ + Deckel aufnähen

── Faltlinie Umschlag

⊠ Träger aufnähen

Band 2 zum Binden
4 x Leinenstoff in Hellblau

Fadenlauf

4

35

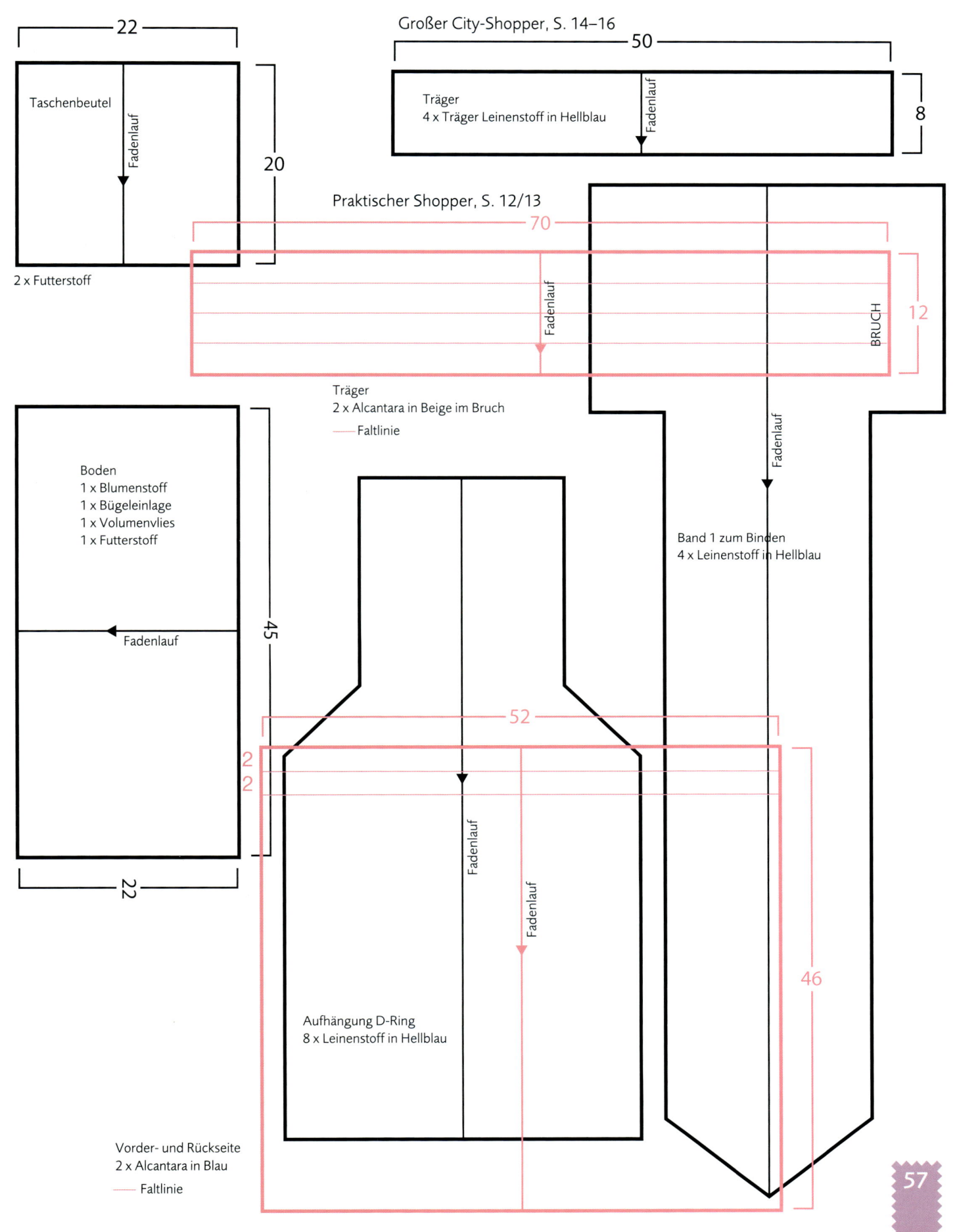

22

Taschenbeutel

Fadenlauf

20

2 x Futterstoff

Großer City-Shopper, S. 14–16

50

Träger
4 x Träger Leinenstoff in Hellblau

Fadenlauf

8

Praktischer Shopper, S. 12/13

70

Fadenlauf

BRUCH

12

Träger
2 x Alcantara in Beige im Bruch
— Faltlinie

Boden
1 x Blumenstoff
1 x Bügeleinlage
1 x Volumenvlies
1 x Futterstoff

Fadenlauf

Fadenlauf

Band 1 zum Binden
4 x Leinenstoff in Hellblau

45

22

52

2
2

Fadenlauf

Fadenlauf

46

Aufhängung D-Ring
8 x Leinenstoff in Hellblau

Vorder- und Rückseite
2 x Alcantara in Blau
— Faltlinie

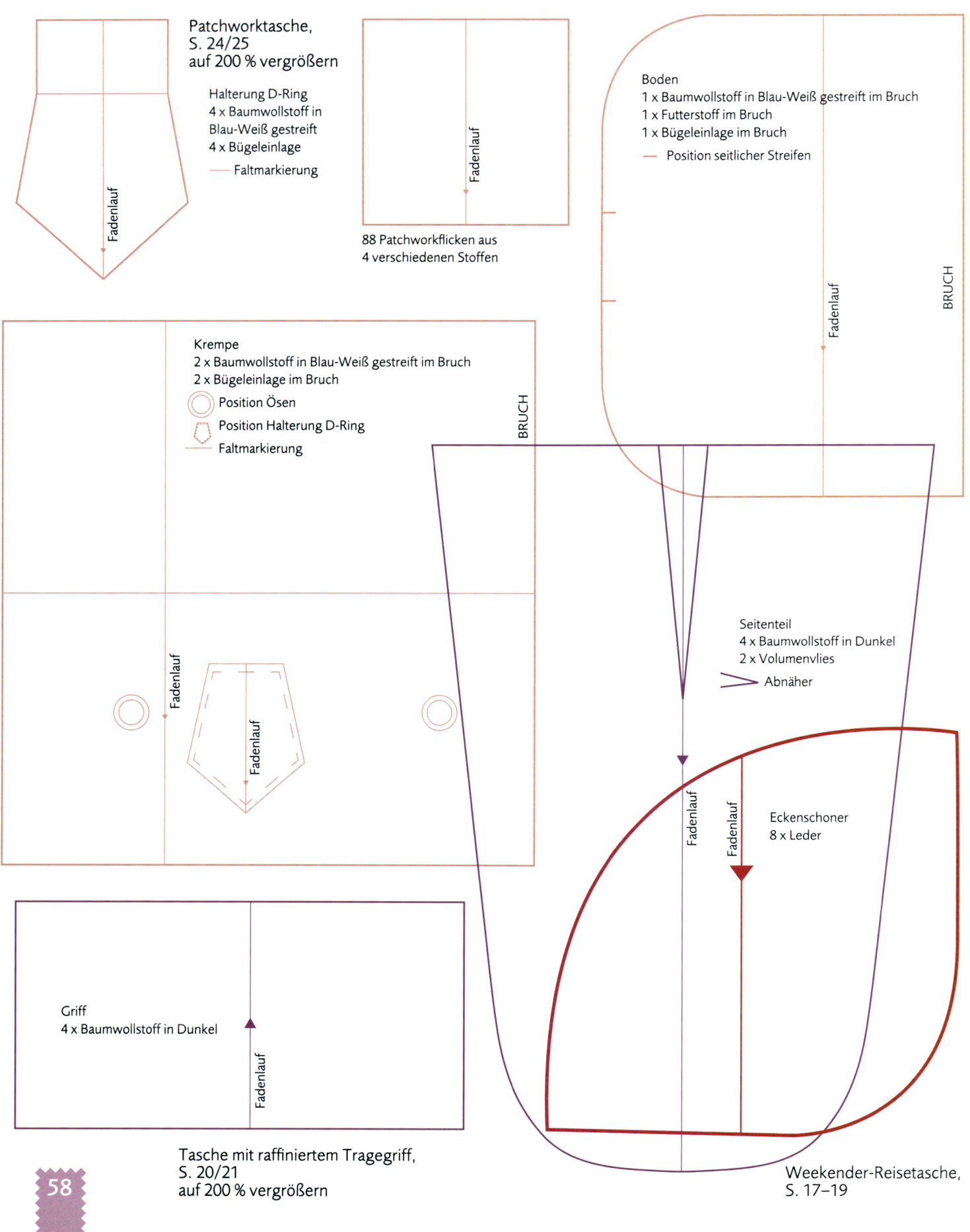

Patchworktasche,
S. 24/25
auf 200 % vergrößern

Halterung D-Ring
4 x Baumwollstoff in
Blau-Weiß gestreift
4 x Bügeleinlage

—— Faltmarkierung

Fadenlauf

Fadenlauf

88 Patchworkflicken aus
4 verschiedenen Stoffen

Boden
1 x Baumwollstoff in Blau-Weiß gestreift im Bruch
1 x Futterstoff im Bruch
1 x Bügeleinlage im Bruch

—— Position seitlicher Streifen

Fadenlauf

BRUCH

Krempe
2 x Baumwollstoff in Blau-Weiß gestreift im Bruch
2 x Bügeleinlage im Bruch

◎ Position Ösen

⬠ Position Halterung D-Ring

—— Faltmarkierung

BRUCH

Fadenlauf

Fadenlauf

Seitenteil
4 x Baumwollstoff in Dunkel
2 x Volumenvlies

⟩ Abnäher

Fadenlauf

Fadenlauf

Eckenschoner
8 x Leder

Griff
4 x Baumwollstoff in Dunkel

Fadenlauf

Tasche mit raffiniertem Tragegriff,
S. 20/21
auf 200 % vergrößern

Weekender-Reisetasche,
S. 17–19

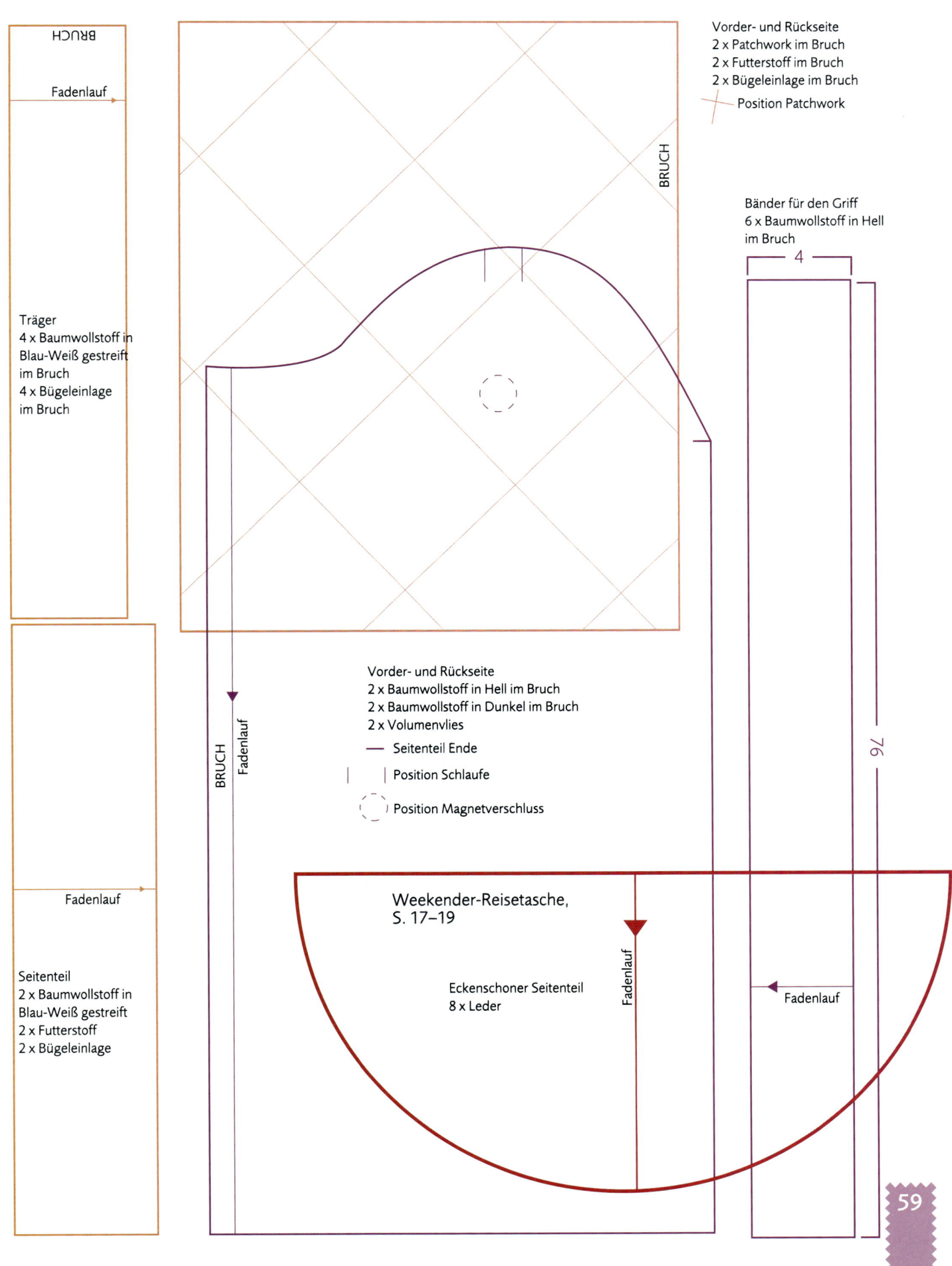

BRUCH

Fadenlauf

Träger
4 x Baumwollstoff in
Blau-Weiß gestreift
im Bruch
4 x Bügeleinlage
im Bruch

Vorder- und Rückseite
2 x Patchwork im Bruch
2 x Futterstoff im Bruch
2 x Bügeleinlage im Bruch
Position Patchwork

BRUCH

Bänder für den Griff
6 x Baumwollstoff in Hell
im Bruch

4

76

Fadenlauf

Seitenteil
2 x Baumwollstoff in
Blau-Weiß gestreift
2 x Futterstoff
2 x Bügeleinlage

BRUCH

Fadenlauf

Vorder- und Rückseite
2 x Baumwollstoff in Hell im Bruch
2 x Baumwollstoff in Dunkel im Bruch
2 x Volumenvlies

— Seitenteil Ende

| Position Schlaufe

Position Magnetverschluss

Weekender-Reisetasche,
S. 17–19

Eckenschoner Seitenteil
8 x Leder

Fadenlauf

Fadenlauf

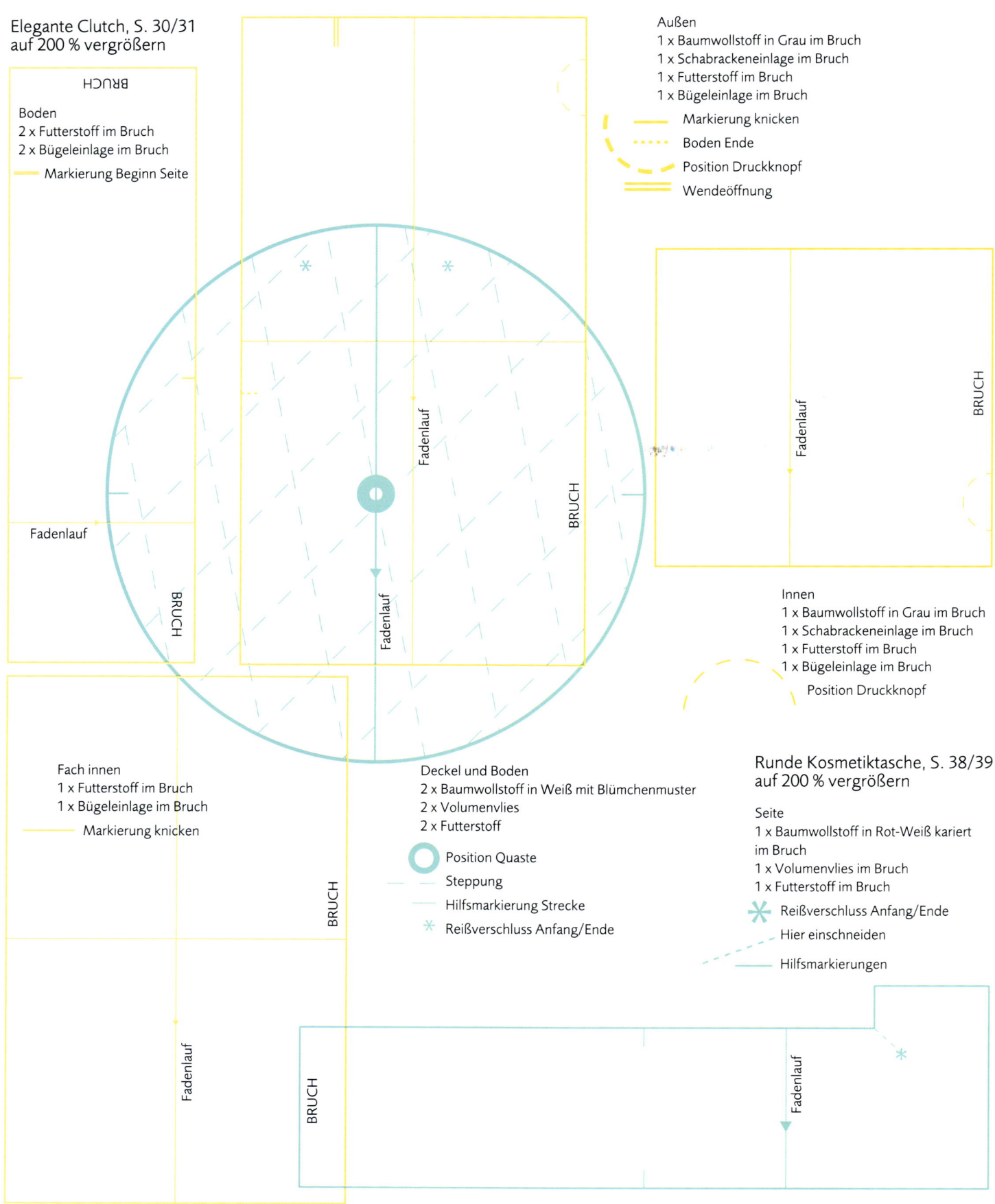

Elegante Clutch, S. 30/31
auf 200 % vergrößern

BRUCH

Boden
2 x Futterstoff im Bruch
2 x Bügeleinlage im Bruch

——— Markierung Beginn Seite

Außen
1 x Baumwollstoff in Grau im Bruch
1 x Schabrackeneinlage im Bruch
1 x Futterstoff im Bruch
1 x Bügeleinlage im Bruch

——— Markierung knicken
········· Boden Ende
– – – Position Druckknopf
≡≡≡ Wendeöffnung

Fadenlauf

BRUCH

Fadenlauf

BRUCH

Fadenlauf

BRUCH

Fadenlauf

Innen
1 x Baumwollstoff in Grau im Bruch
1 x Schabrackeneinlage im Bruch
1 x Futterstoff im Bruch
1 x Bügeleinlage im Bruch

Position Druckknopf

Fach innen
1 x Futterstoff im Bruch
1 x Bügeleinlage im Bruch

——— Markierung knicken

Deckel und Boden
2 x Baumwollstoff in Weiß mit Blümchenmuster
2 x Volumenvlies
2 x Futterstoff

⭘ Position Quaste
——— Steppung
——— Hilfsmarkierung Strecke
✳ Reißverschluss Anfang/Ende

Runde Kosmetiktasche, S. 38/39
auf 200 % vergrößern

Seite
1 x Baumwollstoff in Rot-Weiß kariert
im Bruch
1 x Volumenvlies im Bruch
1 x Futterstoff im Bruch

✳ Reißverschluss Anfang/Ende
– – – Hier einschneiden
——— Hilfsmarkierungen

Fadenlauf

BRUCH

BRUCH

Fadenlauf

Fadenlauf

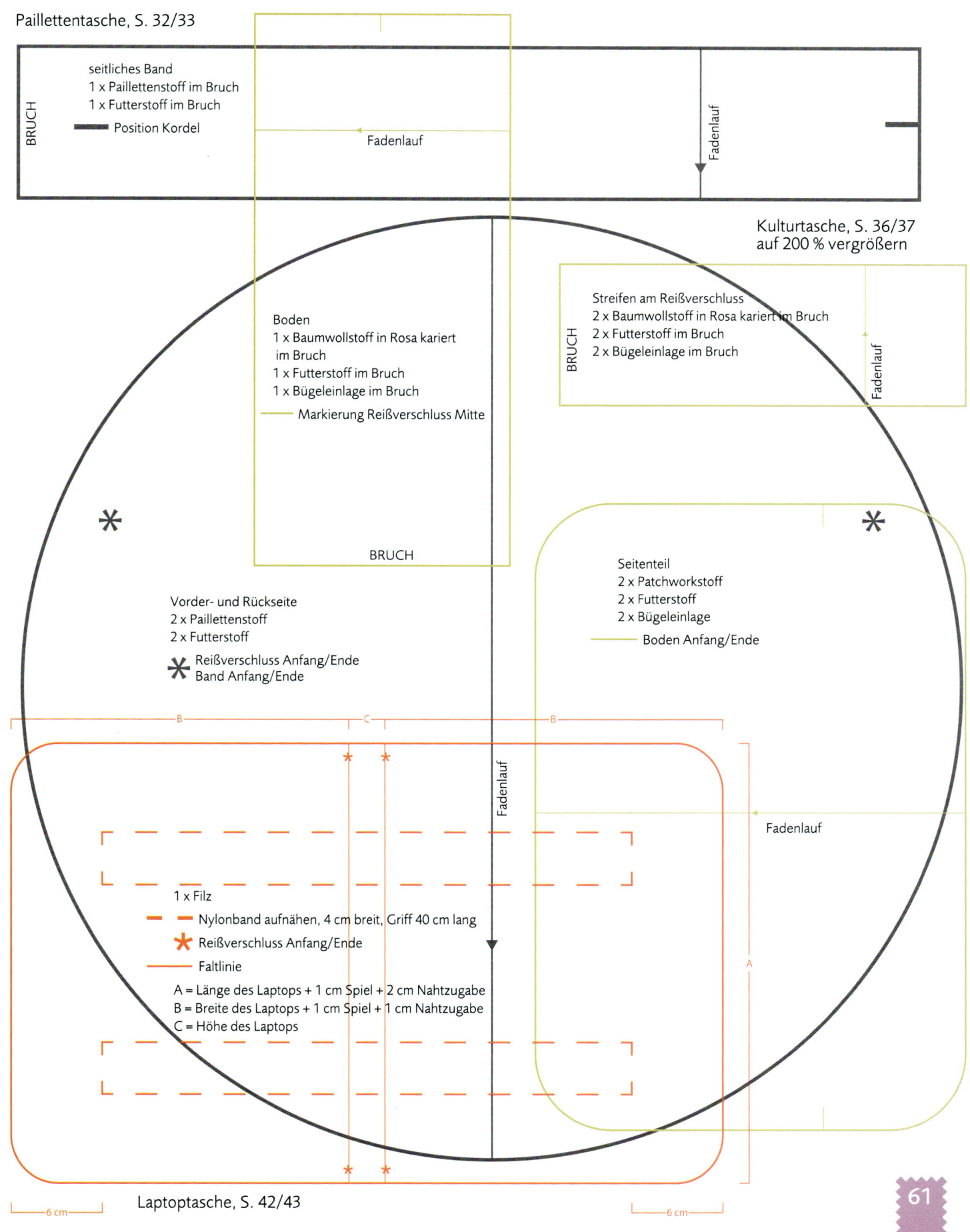

Paillettentasche, S. 32/33

seitliches Band
1 x Paillettenstoff im Bruch
1 x Futterstoff im Bruch
━━━ Position Kordel

BRUCH

Fadenlauf

Fadenlauf

Kulturtasche, S. 36/37
auf 200 % vergrößern

Boden
1 x Baumwollstoff in Rosa kariert
 im Bruch
1 x Futterstoff im Bruch
1 x Bügeleinlage im Bruch
─── Markierung Reißverschluss Mitte

Streifen am Reißverschluss
2 x Baumwollstoff in Rosa kariert im Bruch
2 x Futterstoff im Bruch
2 x Bügeleinlage im Bruch

BRUCH

Fadenlauf

BRUCH

Seitenteil
2 x Patchworkstoff
2 x Futterstoff
2 x Bügeleinlage
─── Boden Anfang/Ende

Vorder- und Rückseite
2 x Paillettenstoff
2 x Futterstoff
* Reißverschluss Anfang/Ende
Band Anfang/Ende

Fadenlauf

Fadenlauf

B ─────── C ─── B

1 x Filz
━━ Nylonband aufnähen, 4 cm breit, Griff 40 cm lang
* Reißverschluss Anfang/Ende
─── Faltlinie
A = Länge des Laptops + 1 cm Spiel + 2 cm Nahtzugabe
B = Breite des Laptops + 1 cm Spiel + 1 cm Nahtzugabe
C = Höhe des Laptops

A

Fadenlauf

6 cm

Laptoptasche, S. 42/43

6 cm

61

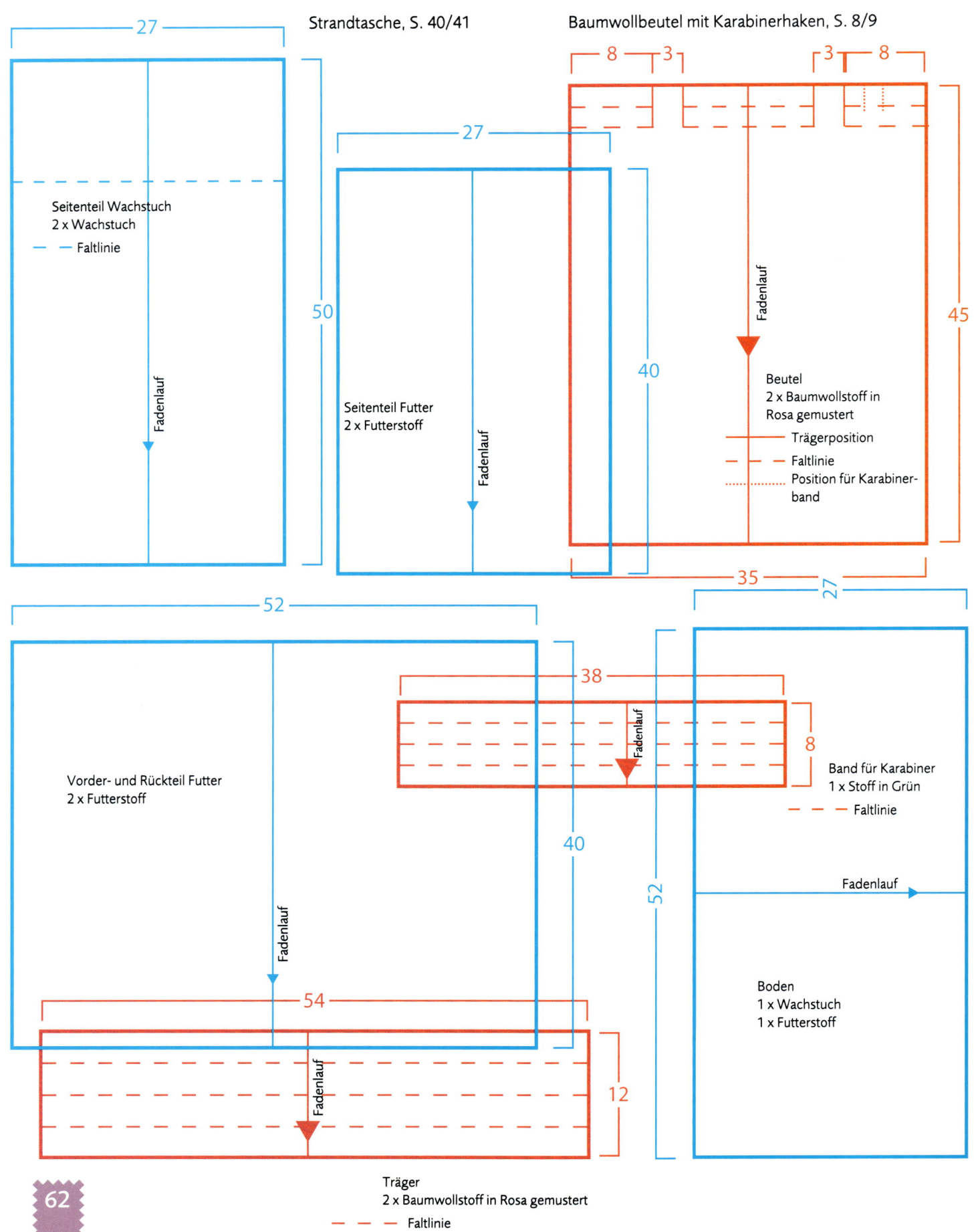

Strandtasche, S. 40/41

Baumwollbeutel mit Karabinerhaken, S. 8/9

27

Seitenteil Wachstuch
2 x Wachstuch

— — Faltlinie

Fadenlauf

27

Seitenteil Futter
2 x Futterstoff

50

Fadenlauf

40

8 3 3 8

Fadenlauf

45

Beutel
2 x Baumwollstoff in
Rosa gemustert

——— Trägerposition

— — Faltlinie

······ Position für Karabinerband

35

27

52

Vorder- und Rückteil Futter
2 x Futterstoff

Fadenlauf

38

Fadenlauf

8

Band für Karabiner
1 x Stoff in Grün

— — Faltlinie

40

52

Fadenlauf

Boden
1 x Wachstuch
1 x Futterstoff

54

Fadenlauf

12

Träger
2 x Baumwollstoff in Rosa gemustert

— — Faltlinie

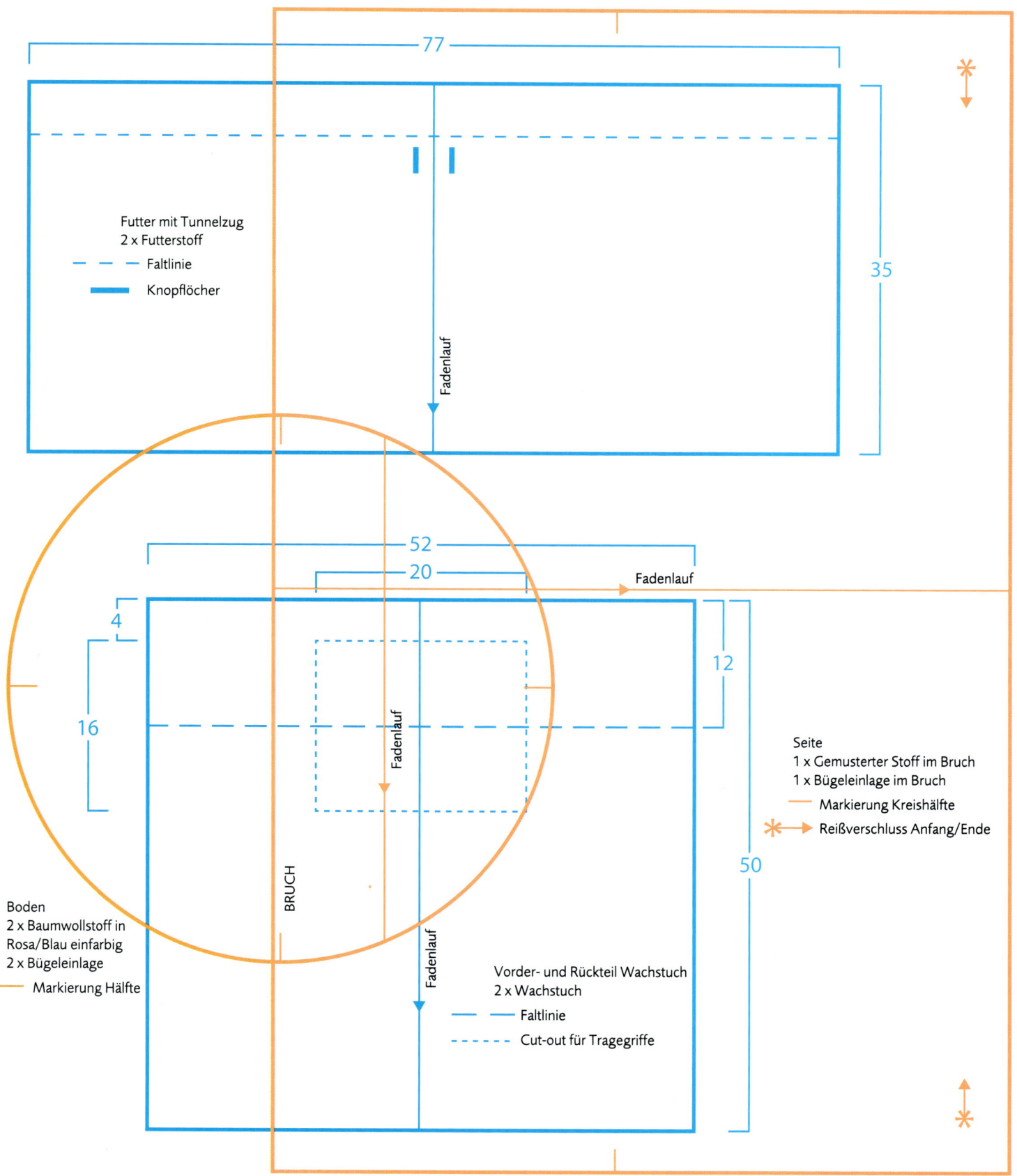

77

35

Futter mit Tunnelzug
2 x Futterstoff

– – – Faltlinie

Knopflöcher

Fadenlauf

52

20

Fadenlauf

4

12

16

Fadenlauf

BRUCH

50

Seite
1 x Gemusterter Stoff im Bruch
1 x Bügeleinlage im Bruch

Markierung Kreishälfte

Reißverschluss Anfang/Ende

Boden
2 x Baumwollstoff in
Rosa/Blau einfarbig
2 x Bügeleinlage

Markierung Hälfte

Vorder- und Rückteil Wachstuch
2 x Wachstuch

– – – Faltlinie

- - - Cut-out für Tragegriffe

Fadenlauf

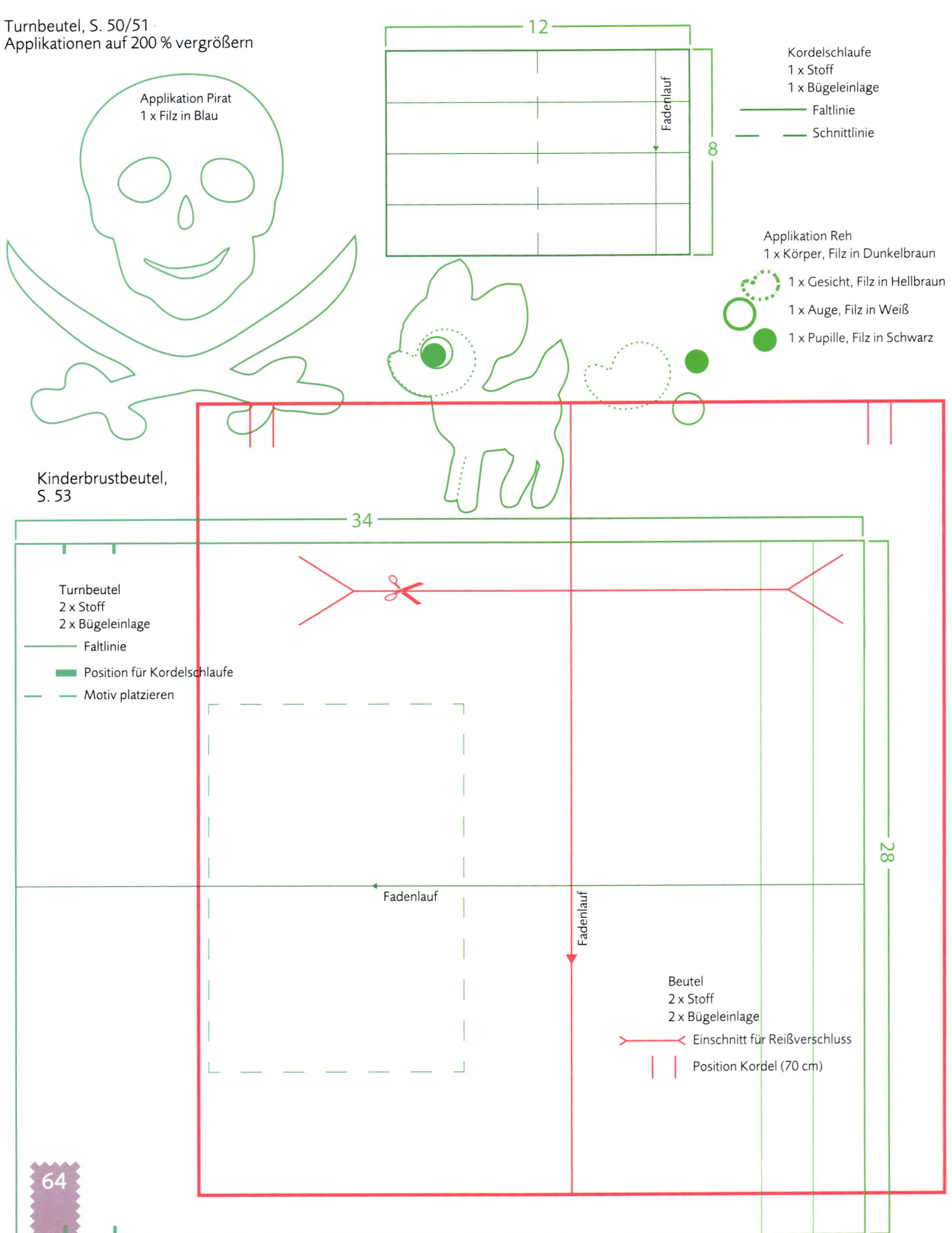

Turnbeutel, S. 50/51
Applikationen auf 200 % vergrößern

Applikation Pirat
1 x Filz in Blau

12

Fadenlauf

8

Kordelschlaufe
1 x Stoff
1 x Bügeleinlage
———— Faltlinie
– – ——— Schnittlinie

Applikation Reh
1 x Körper, Filz in Dunkelbraun
1 x Gesicht, Filz in Hellbraun
1 x Auge, Filz in Weiß
1 x Pupille, Filz in Schwarz

Kinderbrustbeutel,
S. 53

34

Turnbeutel
2 x Stoff
2 x Bügeleinlage
———— Faltlinie
▮ Position für Kordelschlaufe
– – – Motiv platzieren

Fadenlauf

Fadenlauf

28

Beutel
2 x Stoff
2 x Bügeleinlage
>——< Einschnitt für Reißverschluss
| | Position Kordel (70 cm)